Bastian Kunkel
VERSICHERUNGEN MIT KOPF

TOTAL VERUNSICHERT

Bastian Kunkel

VERSICHERUNGEN MIT KOPF

TOTAL VERUNSICHERT

Was du mit **18** über Versicherungen wissen solltest, aber mit **30** immer noch nicht weißt.

FBV

Bibliografische Information der Deutschen Nationalbibliothek
Die Deutsche Nationalbibliothek verzeichnet diese Publikation in der Deutschen
Nationalbibliografie. Detaillierte bibliografische Daten sind im Internet über
http://dnb.d-nb.de abrufbar.

Für Fragen und Anregungen
info@finanzbuchverlag.de

Originalausgabe, 1. Auflage 2022

© 2022 by FinanzBuch Verlag, ein Imprint der Münchner Verlagsgruppe GmbH
Türkenstraße 89
80799 München
Tel.: 089 651285-0
Fax: 089 652096

Redaktion: Ulrich Wille
Korrektorat: Caroline Kazianka
Umschlaggestaltung: Sophie Mangstl, Karina Braun
Umschlagabbildung (Autorenfotos): Artur Derr
Grafiken im Innenteil: Sophie Mangstl
Satz: ZeroSoft, Timisoara
Druck: CPI
Printed in the EU

ISBN Print 978-3-95972-566-8
ISBN E-Book (PDF) 978-3-98609-074-6
ISBN E-Book (EPUB, Mobi) 978-3-98609-075-3

Weitere Informationen zum Verlag finden Sie unter
www.finanzbuchverlag.de
Beachten Sie auch unsere weiteren Verlage unter www.m-vg.de

*Für meine Eltern Anna und Roland, die mir die richtigen Werte
für meinen Lebensweg mitgegeben haben.*

*Für meine Geschwister Alexander und Achim, die mich teilen,
sich kümmern und durchsetzen gelehrt haben.*

*Für meine Frau Samantha, die wahrlich starke und unglaublich
verständnisvolle Frau an meiner Seite.*

Danke.

INHALT

VORWORT

Es gibt eine Sache, die wirklich niemals passiert. Nämlich, dass morgens in Deutschland irgendjemand aufwacht und sagt: »Geil! Heute hab ich so richtig Bock darauf, mich mit meinen Versicherungen auseinanderzusetzen!« Niemand, wirklich niemand befasst sich gerne mit den eigenen Versicherungen. Nicht mal ich selbst. Und ich habe immerhin ein Buch genau über dieses Thema geschrieben. Sollte dir mal jemand über den Weg laufen, der dauernd darüber spricht, wie gerne er seine Versicherungsunterlagen anschaut und dass er sich schon darauf freut, die nächste Versicherung abzuschließen, dann solltest du diese Person vermutlich direkt zum Arzt schicken. Da stimmt dann nämlich etwas nicht.

Nichtsdestotrotz sind Versicherungen einfach wichtig. Zumindest ein paar. Definitiv nicht alle. Und dank den entsprechenden Versicherungen stehen sehr viele Menschen heute nicht vor den Trümmern ihrer finanziellen Existenz. Aber warum ist es dann so verdammt schwierig, sich selbst aufzuraffen und sich mit den eigenen Versicherungen auseinanderzusetzen? Wenn du jetzt auf die Straße gehen und zehn Menschen fragen würdest, ob sie sich gerne mit ihren Versicherungen beschäftigen, dann wirst du von diesen zehn Personen zehnmal ein ganz klares Nein bekommen. Aber fragst du die gleichen zehn Personen, ob sie der Meinung sind, dass Versicherungen grundsätzlich wichtig sind, dann werden das vermutlich auch alle zehn Personen bejahen. Und genau das ist dieser verflixte Kreis, in dem man sich beim Thema Versicherungen dreht. Versicherungen sind wichtig, aber man hat einfach absolut keine Lust, sich damit zu beschäftigen.

Möglicherweise trifft dies auf dich aber nur bedingt zu. Immerhin hältst du gerade ein Buch über das Thema Versicherungen in der Hand. Eventuell haben deine (sehr besorgten) Eltern, Tanten oder Onkel dir dieses Buch zum 18. Geburtstag geschenkt – oder zum 30. Vielleicht hat dich selbst auch einfach der Untertitel angesprochen: *Was du mit 18 über Versicherungen wissen solltest, aber mit 30 immer noch nicht weißt.* Das könnte durchaus auf sehr viele Menschen zutreffen – dich eingeschlossen. Und das ist auch absolut kein Vorwurf. Woher sollst du denn das Versicherungswissen haben? In der Schule oder im Studium wird dir hier wenig bis nichts beigebracht. Du hast vielleicht ein wenig über unser Sozialversicherungssystem gelernt. Wie die gesetzliche Krankenversicherung und die Rentenversicherung funktionieren (deswegen wird es in diesem Buch auch weniger um die gesetzlichen Versicherungen gehen). Letztere ist übrigens weiterhin sicher, wie es Dr. Norbert Blüm (CDU, Bundesminister für Arbeit und Sozialordnung) erstmals im Wahlkampf 1986 gesagt hat.[1]

Was allerdings nicht sicher ist, ist die Höhe deiner Rente aus der gesetzlichen Rentenversicherung. Aber auch das haben wahrscheinlich schon die meisten verstanden. Viele haben sich nur leider dazu entschieden, es einfach zu ignorieren. Das ist im Hinblick auf den langen Zeithorizont bis zur eigenen Rente auch tatsächlich sehr einfach.

Total ver(un)sichert ist der Haupttitel meines Buches. Und den Titel habe ich nicht ohne Grund so gewählt. Er beschreibt in meinen Augen sehr gut, wie sich die meisten Menschen beim Thema Versicherungen fühlen. Irgendwie hat jeder Versicherungen, aber wirklich versichert fühlt man sich oft dann doch nicht. Man ist verunsichert. Verunsichert dahingehend, ob man wirklich alle wichtigen Versicherungen abgeschlossen hat. Und ob diese dann auch tatsächlich leisten werden, wenn es mal hart auf hart kommt. Man hört ja doch so einiges darüber, dass Versicherungen sich gerne um eine Leistung drücken. Oder hat man vielleicht zu viele oder sogar sinnlose Versicherungen, für welche man jeden Monat unnötig Geld rausschmeißt, das man besser woanders investieren könnte? Fragen über Fragen. Und keine wirklichen Antworten in Sicht.

Nur noch mehr Verunsicherung entstand durch den TV-Bericht von letzter Woche. Da war jemand in einer Talkshow und hat erzählt, dass die Berufsunfähigkeitsversicherung nicht gezahlt hat. Und irgendwo hat die Tage auch jemand gesagt, dass sich Rentenversicherungen nicht mehr lohnen und man sowieso alles kündigen sollte. Und in der Arbeit hat auch jemand gesagt, dass man eigentlich gar keine Versicherungen abschließen solle, denn die würden eh nie zahlen. Das hat er zumindest von seinem Schwager dritten Grades gehört. Und der kennt jemanden, der jemanden kennt, und so weiter.

Ich denke, du merkst, auf was ich hinauswill. Mit »Ich hab mal gehört ...« fangen wirklich die gefährlichsten Sätze überhaupt an. Aber darüber wirst du in diesem Buch definitiv noch einiges mehr erfahren.

Vielleicht (vielleicht aber auch nicht) fragst du dich, wie jemand auf die Idee kommen kann, ein Buch über Versicherungen zu schreiben. Über Versicherungsprinzipien und das richtige Versicherungs-Mindset. Da muss doch auch mein eigenes Mindset irgendwo einen Knacks haben. Ja, vermutlich. Ich könnte auch tausend andere Berufe ausüben. Berufe, die ein viel höheres Ansehen haben als der des Versicherungsvermittlers. Seit Jahren hält dieser Beruf die rote Laterne in der Hand, was die unbeliebtesten Berufe in Deutschland angeht.[2]

Warum tue ich mir das selbst also an? Es könnte doch so viel einfacher sein in einer anderen Branche.

Ob du es glaubst oder nicht, diese Fragen stelle ich mir selbst in regelmäßigen Abständen. Meist dann, wenn ich wieder irgendwo unter einem meiner YouTube-Videos oder einem Instagram-Post einen Kommentar lese, dass wir doch eh alle nur Verbrecher und Halsabschneider sind. So schreibt das zumindest user175842 mit einem Katzenbild als Profilfoto. Der Benutzername und das Profilbild helfen mir zum Glück, mich schnell wieder zu fangen. Wenn du mehrere Jahre im Internet unterwegs bist und Content über Versicherungen machst, dann lernst du sehr schnell, wie du welchen Kommentar einzusortieren hast. Dennoch tut es weh, so was zu lesen. Ich bin ja auch keine Maschine, sondern ein Mensch mit Gefühlen, die man eben auch verletzen kann.

Also, warum bin ich dann dennoch weiter mit dabei und bleibe in dieser Branche, bin mittlerweile vermutlich das bekannteste Gesicht der Branche mit der mit Abstand größten Reichweite auf Social Media – was auch nicht immer von Vorteil ist?

Hier ist die Antwort, die ich mir immer wieder aufs Neue gebe und auch dir heute geben möchte:

Es sind die bis heute Hunderten Nachrichten, Kommentare und E-Mails, die ich – vielleicht auch schon von dir – bekommen habe, in welchen ihr euch für das Versicherungswissen bedankt. Wo ihr schreibt, dass ihr dank der Videos auf YouTube krasse Fehler beim Abschluss eurer Versicherungen vermieden habt. Briefe, die plötzlich per Post kommen, in welchen ihr mir über zwei Seiten schreibt, dass ihr euch dank eines Instagram-Posts von mir endlich mit den eigenen Versicherungen auseinandergesetzt habt und mittlerweile sogar selbst Versicherungswissen an andere weitergebt.

Manchmal treffe ich auch den ein oder anderen von euch zufällig irgendwo auf der Straße und ihr sprecht mich an und sagt, dass ihr einfach nur mal kurz Danke sagen wolltet, und schon seid ihr wieder weg.

Genau deswegen mache ich weiter. Genau deshalb setze ich mich gerne jeden Tag erneut den unzähligen Vorurteilen, der Häme, den verletzenden Kommentaren und Nachrichten aus.

Es gibt fast kein stärkeres Motiv, als wenn du als Mensch merkst, dass du mit deinem Tun einen positiven Unterschied im Leben eines anderen Menschen bewirkst.

Und ich bin einfach nur unglaublich dankbar, dass ich für mich selbst hier meine Berufung gefunden habe – auch wenn diese dummerweise in der unbeliebtesten Branche überhaupt ist.

Dieses Buch, welches du gerade in der Hand hältst, ist mein Versuch, dich zum einen ein wenig in meine Welt der Versicherung mitzunehmen, damit du auch mal die andere Seite kennenlernen kannst. Zum anderen möchte ich natürlich auch viele offene Versicherungsfragen, die du vermutlich hast, in diesem Buch beantworten. Das Buch wird definitiv viele Fragen beantworten, aber es wird auch noch mehr neue Fragen aufwerfen. Und das ist auch gut so. Kein Buch der Welt – egal wie viele Seiten es hat – kann alle Versicherungsfragen beantworten. Dafür sind die Lebensläufe der Menschen, die individuellen Situationen und das individuelle Risikoempfinden einfach zu unterschiedlich. Dieses Buch möchte dich auf den ersten Metern in die sehr komplexe und dadurch auch teilweise undurchsichtige Welt der Versicherungen begleiten. Du wirst in diesem Buch viele Prinzipien lernen, die es dir künftig um einiges leichter machen werden, die richtigen Versicherungsentscheidungen zu treffen. Und du wirst dir am Ende des Buches ein neues, ein besseres und ein realistischeres Versicherungs-Mindset angeeignet haben.

Das ist zumindest mein Wunsch für dich mit diesem Buch.

Ganz viel Spaß beim Lesen!

Dein Bastian von Versicherungen mit Kopf

TEIL 1
GRUNDSÄTZLICHES VERSICHERUNGSWISSEN

WIE EIN ABEND ALLES VERÄNDERTE

Es ist irgendwann im Herbst 2015, Donnerstagabend gegen 21:30 Uhr. Ich steige aus meinem alten Golf IV aus und sprinte durch den Regen zur Hauseingangstür. Nicht meiner eigenen, sondern der eines potenziellen Kunden. Wir haben einen Termin für eine Versicherungsanalyse vereinbart. Ich klingele. Es ertönt ein typischer Haustür-Klingelton. Durch das Fenster neben der Tür kann ich sehen, dass Licht brennt und jemand zu Hause ist. Ich klingele erneut. Und dann noch mal. Die Haustür bleibt allerdings weiterhin verschlossen. Kurz überlege ich, ob ich an das Fenster klopfen sollte, um zusätzlich auf mich aufmerksam zu machen, lasse es aber dann sein. Denn das wäre zum einen dann doch irgendwie komisch und zum anderen ist es leider auch nicht das erste Mal, dass ich trotz Termin vor einer verschlossenen Tür zurückbleibe.

Ich blicke nach unten und sehe den nassen Fußabstreifer. Irgendwie unterscheidet uns beide in diesem Moment nicht wirklich viel, denke ich. Zumindest fühlt sich meine Magengegend genauso an, als hätte mich jemand genau dort mit seinen Füßen getreten. Als ich trotz Regen sehr langsam zum Auto zurücklaufe, überlege ich fieberhaft, wie ich dem potenziellen Kunden diese Respektlosigkeit zurückzahlen könnte. Sein Haus abzufackeln wäre wohl zu heftig gewesen, schien mir in diesem Moment allerdings mehr als gerechtfertigt. Natürlich würde ich vorher noch irgendwie checken, dass er keine entsprechende Versicherung dafür hat, damit es sich auch richtig lohnt. Dann erinnerte ich mich aber direkt an die Worte meiner Mutter, dass Rache nie ein gutes Motiv ist. Und das stimmt auch. Schließlich kannte ich auch nicht den exakten Grund, warum die Tür verschlossen blieb, sondern konnte nur mutmaßen.

Im Auto angekommen saß ich erst mal noch eine ganze Weile einfach so da. »Wieso passiert ausgerechnet mir so was?«, fragte ich mich. »Ich mache doch einen richtig guten Job, habe top Fachwissen, kümmere mich um die Wünsche meiner Kunden, nehme mir viel Zeit und bin nach eigener Einschätzung auch halbwegs sympathisch. Woran liegt es also?« Wenn ein Termin nicht stattfinden kann, dann ist das ja kein Problem. Dann sagt man diesen im Vorfeld rechtzeitig ab. So wie es jeder auch bei einem Arzttermin macht, wenn er oder sie diesen nicht wahrnehmen kann.

Aber warum sagen Menschen tendenziell Arzttermine rechtzeitig ab und den Termin mit dem Versicherungsmenschen nicht oder nur sehr kurzfristig? Warum macht man sich hier oft nicht mal die Mühe, den Hörer in die Hand zu nehmen und einfach Bescheid zu geben? Oder warum werden viele Termine einfach kurzfristig abgesagt oder man bekommt erst gar keinen Termin mit dem Kunden?

Vielleicht fühlst du dich gerade ein wenig ertappt. Möglicherweise hast du auch mal einen Versicherungstermin einfach platzen lassen oder hast nur sehr kurzfristig abgesagt und somit die komplette Tagesplanung deines Beraters über den Haufen geschmissen.

Die Frage ist nun: Warum ist das so? Die Antwort hierzu kam mir ebenfalls in meinem Golf, als ich so langsam anfing, wieder zu trocknen: fehlendes Vertrauen.

Die Menschen vertrauen mir einfach nicht oder nicht genug. Das ist der Grund! Es fiel mir wirklich wie Schuppen von den Augen. Die ganze Zeit war ich der Meinung, dass das halt einfach »doofe Kunden« sind, die einfach nicht richtig erzogen wurden von ihren Eltern. Gewisse Tugenden wurden denen einfach nicht beigebracht. Und auch wenn ich Letzteres nicht komplett ausschließen möchte, so war mir doch klar, dass es in den meisten Fällen nicht daran lag. Es lag schlichtweg am fehlenden Vertrauen in mich. In mich als Person. In mein Berufsbild. Versicherungsvermittler. Klinkenputzer. Abzocker. Provisionsgeier. Menschen, die andere Menschen andauernd über den Tisch ziehen.

Seit Jahren führen wir die Liste der beliebtesten und am meisten geschätzten Berufe in Deutschland an.[3] Von hinten. Ab und an werden wir vom Beruf des Politikers als Schlusslicht abgelöst. Das sagt eigentlich schon alles aus. Wie du im weiteren Verlauf des Buches erfahren wirst, stehen wir aber nicht ganz unverdient auf diesem Platz. Zwar nicht wegen mir und auch nicht wegen vieler Kollegen und Kolleginnen, die heute als Versicherungsvermittler tätig sind, sondern vielmehr wegen ein paar »schwarzer Schafe«, die in der Vergangenheit wirklich ganze Arbeit geleistet und einer kompletten Branche auf Jahrzehnte einen Bärendienst erwiesen haben. Aber auch davon gibt es heute noch einige. Auch dazu wirst du im weiteren Verlauf noch ein paar »Seitenhiebe« von mir lesen.

Als ich an diesem besagten Abend nach Hause zu meiner Verlobten (heute meine Frau) fuhr, war mir eine Sache glasklar: So geht es nicht weiter! Ich muss hier einiges ändern. Ich muss es schaffen, das Vertrauen der Menschen zu gewinnen. Denn jeder hat Versicherungen. Jeder braucht Versicherungen. Und wenn es da draußen jemanden gibt, der wirklich das Wohl der Kunden in den Fokus stellt, dann muss er doch auch die Wertschätzung und den Respekt bekommen, den er verdient. Eben wie ein Arzt, der sich um die Gesundheit seiner Patienten kümmert und alles andere dem unterordnet. Es wird nicht danach beraten, wo man am meisten Provision bekommt, sondern immer so, dass der Kunde genau das bekommt, was er braucht und auch möchte. Und wenn man so arbeitet, dann muss man schlussendlich auch erfolgreich sein und ich muss mir eben auch um meinen eigenen Lebensunterhalt keine Sorgen machen – was ich 2015 durchaus des Öfteren tat.

»Verdienen« kommt ja schließlich von »DIENEN«! Zumindest habe ich das in irgendeinem schlauen Buch mal gelesen und es klang sehr logisch für mich. In den nächsten Jahren kamen übrigens noch viele weitere schlaue Bücher dazu, die mich in meiner Persönlichkeit und als Mensch und Unternehmer weitergebracht haben. Vor allem das Buch *Dein Ego ist dein Feind* von Ryan Holiday hat einen entscheidenden Teil dazu beigetragen. Dieses Buch lese ich jedes Jahr mindestens ein Mal.

Gegen 22:30 Uhr kam ich zu Hause an. Es regnete immer noch.

Eine Stunde zum Kunden gefahren und wieder eine Stunde zurück. Komplett sinnlos. Zumindest half mir die eine Stunde Fahrtzeit, dass ich ein wenig runterkommen konnte und nicht mit aufgeladenen Emotionen durch die Wohnungstür einfiel. So was ist nie gut. Denn hier bekommt dann meist die Person alles ab, die überhaupt nichts dafürkann.

»Das war das letzte Mal, dass ich vor einer verschlossenen Kunden-
tür gestanden habe«, schwor ich mir, als ich den Schlüssel in der Tür
zu unserer Wohnung umdrehte.

Und das war es auch.

WIESO SOLLTEST DU MEINEN WORTEN GLAUBEN SCHENKEN?

Mir ist wichtig, dass du immer mal wieder die Dinge und Umstände auch aus meiner Sicht siehst. Deswegen habe ich dir auch diese Geschichte erzählt. Ich bin nämlich überzeugt davon, dass das Thema Versicherung nur dann optimal laufen kann, wenn man alle Seiten kennt und versteht. Die des Kunden beziehungsweise Verbrauchers – also deine (außer du bist auch Berater/-in und hältst mein Buch gerade in den Händen), die des Versicherungsvermittlers beziehungsweise der Versicherungsvermittlerin und natürlich auch die des Versicherers. Nur dann kann man dieses Thema wirklich komplett aufarbeiten und daraus auch entsprechende Handlungsempfehlungen beziehungsweise Prinzipien ableiten. Und wie bereits erwähnt geht es ja genau darum in diesem Buch. Du sollst am Ende des Buches in der Lage sein, die für dich besten Versicherungsentscheidungen zu fällen. Immer und in jeder Lebenssituation. Allerdings brauche ich nun eine Sache von dir, damit das alles auch wirklich funktioniert. Damit du dann nach dem Lesen des Buches auch ins Handeln kommst und deine Versicherungen nach den Prinzipien in diesem Buch angehst.

Ich brauche dein Vertrauen.

Habe ich dieses nicht, so ist jedes weitere Wort überflüssig. Dann kannst du das Buch bereits jetzt zur Seite legen, denn dann sind alle weiteren Informationen, Erklärungen, Tipps und so weiter auf den folgenden Seiten hinfällig.

Mir ist vollkommen bewusst, dass ich hier etwas wirklich Großes verlange. Vertrauen bekommt man nicht einfach so. Vertrauen muss man gewinnen beziehungsweise sich verdienen.

Und genau dies möchte ich nun mit den folgenden Zeilen versuchen.

Es gibt Menschen, die vertrauen einer anderen Person, weil sie diese sympathisch finden. Dann gibt es Menschen, welche einer anderen Person vertrauen – vor allem, wenn es um zum Beispiel Finanzen und Versicherungen geht –, weil diese kompetent ist und wirklich Ahnung von dem hat, was er oder sie sagt. Sehr viele haben vor allem beim Thema Versicherungen allerdings nur eine Meinung (davon allerdings meist sehr viel), aber dann eben leider auch selten wirklich Ahnung. Auf diese Menschen solltest du besser nicht hören. Doch auch dazu in einem späteren Kapitel mehr. Und dann gibt es Menschen – zu diesen zähle ich auch mich selbst –, die auf eine Mischung aus Sympathie und Kompetenz Wert legen. Wenn ich mit jemandem eine geschäftliche Beziehung eingehe, dann muss ich diese Person auch leiden können. Diese Person muss ähnliche Grundwerte vertreten wie ich und an diesen gemessen werden können – wie ich selbst eben auch. Und diese Person muss natürlich in ihrem jeweiligen Bereich etwas auf dem Kasten haben. Also echte Kompetenz. Nicht nur wahrgenommene Kompetenz. Oft wird Letzteres mit Ersterem verwechselt. Das kann sehr gefährlich werden.

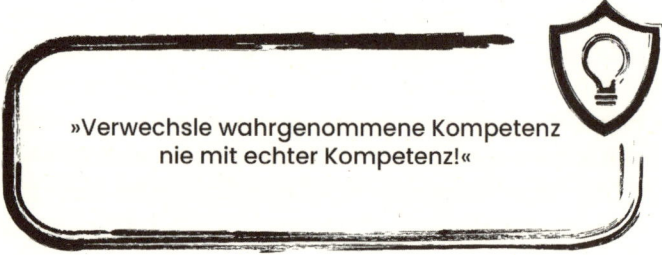

»Verwechsle wahrgenommene Kompetenz nie mit echter Kompetenz!«

Wenn diese beiden Punkte aber vorhanden sind, dann stehen die Chancen sehr gut, dass ich dieser Person vertrauen kann. Dass ich ihr mein Business als Kooperationspartner, die zuverlässige Erledigung meiner Steuererklärung oder auch meine Gesundheit anvertrauen kann. Ich habe dies irgendwann mal »WSV-Formel« getauft. Nein, damit meine ich nicht den nächsten Winterschlussverkauf, wobei dies mit Sicherheit die perfekte Eselsbrücke zum Merken ist.

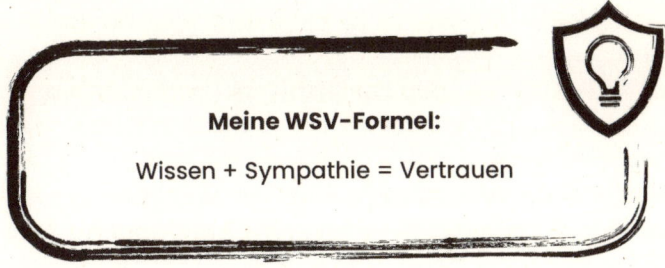

Meine WSV-Formel:

Wissen + Sympathie = Vertrauen

Und dies ist meine ganz persönliche Formel, die ich aber immer wieder in der Praxis auch bei anderen (unbewusst) funktionieren sehe. Vor allem bei unseren Kunden, welche bei uns in die Onlineberatung kommen. Hier wird nämlich in der Regel zu Beginn des Gesprächs von meinen Beratern gefragt, wie man denn auf uns (Versicherungen mit Kopf) gekommen ist und was hier die ausschlaggebenden Gründe waren. Diese Fragen erscheinen trivial, sind für uns aber sehr wichtig, um zu verstehen, warum jemand zu uns gekommen ist, wenn es doch noch zig andere Möglichkeiten gegeben hätte, wie man sich zu seinen Versicherungen hätte beraten lassen können. Und eine der häufigsten Antworten ist hier eben:»Ich fand den Basti in den Videos ganz sympathisch, wie er verschiedene Versicherungsthemen einfach erklärt und dabei eben auch wirklich kompetent wirkt. Da habe ich mir gedacht, warum nicht auch mal die Onlineberatung von VMK (Versicherungen mit Kopf) nutzen?«

Das soll jetzt keine Lobhudelei auf mich und meine YouTube-Videos sein, sondern einfach nur verdeutlichen, auf was es meiner Meinung nach ankommt, wenn es darum geht, Vertrauen aufzubauen. Vielleicht folgst du mir ja sogar schon länger auf YouTube, Instagram oder TikTok und kannst dies bestätigen.

Übrigens: Ist dir was aufgefallen? Ich habe oben geschrieben, dass der Kunde in seiner Aussage »... kompetent WIRKT« gesagt hat. Das ist die vorhin beschriebene wahrgenommene Kompetenz. Welche aber eben sehr gefährlich sein kann. Zumindest dann, wenn dahinter keine echte Kompetenz steckt. Und da diese – neben der Sympathie – natürlich auch wichtig ist, schauen wir uns jetzt noch an, wie es denn um die Kompetenz-Seite (das Wissen) meiner Person bestellt ist.

Keine Angst, ich werde dir hier jetzt nicht meinen kompletten Lebenslauf auflisten. Ich möchte nur die wichtigsten Aspekte herausziehen, welche eben die echte Kompetenz im Bereich Versicherung belegen können. Und das geht am besten mit dem kurzen Skizzieren meines Werdegangs.

Von 2007 bis 2010 habe ich nach meinem Fachabitur eine Ausbildung beim größten deutschen privaten Krankenversicherer absolviert. Du siehst also, dass ich mich bereits fast 15 Jahre in der Versicherungswelt herumtreibe.

Danach habe ich bis 2014 Betriebswirtschaft und Recht an der Hochschule Aschaffenburg studiert (davon ein halbes Jahr in den USA). Das hat jetzt nicht wirklich viel mit Versicherungen zu tun, dennoch war ich in dieser Zeit immer noch mit der Versicherungsbranche verknüpft, war quasi die »Go-to-Person«, wenn einer meiner Kommilitonen Versicherungsfragen hatte, und habe mich in dieser Zeit immer mehr mit dem Berufsbild des Versicherungsmaklers beschäftigt. Nachdem ich mit dem Studium fertig war, habe ich dann meine Selbstständigkeit als Versicherungsmakler aufgebaut. 20 Stunden die Woche habe ich gleichzeitig noch in meinem Nebenjob aus dem Studium gearbeitet. Irgendwie musste ich ja meine Fixkosten wie zum Beispiel die Miete decken können.

An der Stelle sei vielleicht mal erwähnt, dass mein Umfeld nicht unbedingt in die Hände geklatscht hat, als ich erzählt habe, dass ich nun vorhatte, (wieder) Versicherungen zu verkaufen, und das Ganze perspektivisch rein online funktionieren sollte und ich meine Kunden dann über Versicherungs-Erklär-Videos auf YouTube gewinnen wollte.

Zeitgleich habe ich ein Jobangebot einer Unternehmensberatung – wo viele meiner Freunde unbedingt hinwollten und nicht genommen wurden – als »Junior Business Development Manager« abgelehnt. »Bravo, Sohnemann! Genau das haben wir uns für dein Leben vorgestellt!«

Versteh mich nicht falsch, natürlich haben sich meine Eltern in erster Linie eher die klassische Corporate Career für mich vorgestellt. Ich war der Erste in der Familie, der überhaupt studiert hat, da macht man das doch dann so. Aber sie haben meine Entscheidung respektiert, akzeptiert und mich allein dadurch eben auch unterstützt.

Um das Ganze jetzt nicht unnötig in die Länge zu ziehen: Seit ich im April 2016 mein erstes Versicherungs-Erklär-Video auf YouTube hochgeladen habe, ist meine Marke »Versicherungen mit Kopf« zur größten und bekanntesten Brand auf den relevantesten Social-Media-Kanälen im Bereich Versicherungen gewachsen. Stand heute, da ich gerade diese Zeilen schreibe (November 2021), belaufen sich die Abonnentenzahlen bei YouTube auf 41.800, bei Instagram auf 77.000 und bei TikTok sogar auf über 300.000. Die Aufrufe der Videos und Inhalte gehen in den zweistelligen Millionenbereich. Für diese Zahlen bin ich unglaublich dankbar. Wenn du auch zu den Abonnenten gehörst: Danke. Vielen Dank für dein Vertrauen. Denn dieses hast du mir und meiner Marke bereits mit deinem Abo gegeben. Dies weiß ich unglaublich zu schätzen.

Meine Zahlen auf Social Media
(Stand November 2021)

YouTube: ca. 41.800 Abonnenten

Instagram: ca. 77.600 Follower

TikTok: ca. 309.400 Follower

Und diese Zahlen erreicht man nicht dadurch, dass man Mist über Versicherungen erzählt. Solche Zahlen erreicht man nur, wenn man ehrlichen und auch objektiven Content liefert. Auch dass Kollegen und Kolleginnen mir regelmäßig schreiben, dass sie meine Videos für die eigene Weiterbildung oder für das Auffrischen von Wissen nutzen, sagt, denke ich, einiges über die Qualität der Inhalte aus. Und vor allem würden auch zig Kollegen und Kolleginnen Sturm laufen, wenn ich in einem Video Blödsinn erzählen würde. Das ist quasi so eine Art externer Aufsichtsrat, der über die Richtigkeit meiner Inhalte wacht.

Ein weiterer Kompetenznachweis ist bestimmt, dass wir für unseren Podcast »Versicherungsgeflüster«, den ich seit Ende 2017 mit meinem Kollegen und guten Freund Patrick Hamacher betreibe, den Bildungspreis der Deutschen Versicherungswirtschaft erhalten haben.

Anfang 2020 habe ich auch noch ein weiteres Studium abgeschlossen: Berufsbegleitend habe ich das Studium zum Finanzfachwirt (FH) absolviert.

So viel zu meinem Kurz-Lebenslauf.

Wenn es eine Passage in diesem Buch gibt, die ich immer wieder gelöscht und neu geschrieben habe, dann diese. Ich mag es einfach überhaupt nicht, über mich selbst zu schreiben oder zu reden.»Eigenlob stinkt«, das wissen wir alle. Aber irgendwie muss ich es ja schaffen, dein Vertrauen zu gewinnen.

Ich will, dass du weißt, dass du dich auf das, was ich in diesem Buch schreibe, verlassen kannst. Dass du meinen Aussagen vertrauen und basierend darauf beruhigt Entscheidungen treffen kannst.

Abschließend vielleicht noch folgender Gedanke:

Ich kann es mir auch einfach nicht leisten, Blödsinn zu erzählen.

Und schon dreimal nicht in einem Buch, in dem Inhalte nicht einfach mal schnell wieder gelöscht werden können, wie es vielleicht bei einem Video möglich wäre.

Und genau deshalb und wegen all der anderen genannten Punkte möchte ich dich einladen, mir mit dem Inhalt des Buches zu vertrauen. Du wirst es nicht bereuen. Im Gegenteil!

DAS KONZEPT VERSICHERUNG – WAS GENAU IST ÜBERHAUPT EINE VERSICHERUNG?

Bevor wir über irgendwas anderes sprechen, müssen wir erst mal klären, was eine Versicherung überhaupt ist. Was genau verbirgt sich hinter dem Konzept »Versicherung«? Vermutlich hast auch du das Wort »Versicherung« schon zigtausend Mal benutzt, aber wohl noch nie so richtig hinterfragt, was genau das eigentlich ist. Schon mal vorab: Ich persönlich finde, dass Versicherungen eines der genialsten Dinge überhaupt sind, die wir Menschen je entwickelt haben. Warum ich dieser Meinung bin – und nein, das liegt nicht daran, dass ich zum Teil mit Versicherungen eben auch mein Geld verdiene –, wirst du in den nächsten Zeilen erfahren.

Wenn du im Internet nach einer Definition von »Versicherungen« suchst, dann wirst du verschiedene Auslegungen des Begriffs finden. Es gibt zum Beispiel rechtliche und wirtschaftliche Definitionen. Für mich persönlich bringt es die wirtschaftliche Definition des *Gabler Wirtschaftslexikons* richtig gut auf den Punkt:

> *»Deckung eines im Einzelnen ungewissen, insgesamt geschätzten Mittelbedarfs auf der Grundlage des Risikoausgleichs im Kollektiv und in der Zeit.«*[4]

Was macht eine Versicherung eigentlich genau?

»Deckung eines im Einzelnen ungewissen, insgesamt geschätzten Mittelbedarfs auf der Grundlage des Risikoausgleichs im Kollektiv und in der Zeit.«

Oder in anderen Worten:

Du hast ein individuelles finanzielles Risiko, von dem kein Mensch sagen kann, ob, wann und in welcher Schadenshöhe es eintreten wird. Auf viele Menschen und einen längeren Zeitraum bezogen lassen sich durch Schätzung allerdings Wahrscheinlichkeiten ableiten, ob, wann und in welcher Schadenshöhe Risiken für dich als Einzelperson eintreten könnten. Und wenn man dies weiß, kann man an die Absicherung dieser Risiken für den Einzelnen ein Preisschild hängen. Fertig ist eine Versicherung. Natürlich waren Versicherungen nicht immer so gestaltet, wie wir sie heute kennen. Aber es wurde und wird immer dem gleichen Konzept gefolgt. Nämlich, dass eine Gruppe von Menschen (ein Kollektiv) gemeinsam ein finanzielles Risiko trägt, das für den Einzelnen, wenn es einträte, finanziell nicht tragbar wäre und seine Existenz vernichten würde. Wenn man sich die Ursprünge der ersten Versicherungen anschaut, dann merkt man sehr schnell, dass es hier scheinbar fast schon in der menschlichen Natur liegt, dass, wenn man in einer sozialen Gemeinschaft lebt, man auch dafür Sorge trägt, dass jedes einzelne Mitglied der Gruppe entsprechend abgesichert ist. Wenn zum Beispiel eine Karawane durch die Wüste zog, so wurde vorher schon vereinbart, dass, wenn etwa der Versorger einer Familie unterwegs stirbt, die restlichen Karawanenmitglieder sich um die Hinterbliebenen kümmern und sie mit Wasser und Nahrung versorgen. Später entstanden – wieder nach dem gleichen Konzept – Handwerkergilden und Zünfte. Diese sorgten dann dafür, dass die Mitglieder bei Krankheit, Todesfall oder auch Abbrennen des Kuhstalls finanziell unterstützt wurden. Dies waren die ersten Formen von Lebens- und Sachversicherungen, wie wir sie heute kennen.[5]

Das älteste Versicherungsunternehmen der Welt kommt übrigens aus Deutschland: die Hamburger Feuerkasse Versicherungs-AG. Diese ist eine Schadensversicherung, welche am 30. November 1676 gegründet wurde.[6]

Mit der Zeit wurde aus dem Thema Versicherung eines der größten Geschäftsmodelle der Welt – und das ist auch gut so. Stell dir mal vor, du müsstest dich heute noch mit deinen Nachbarn zusammensetzen und eine Gemeinschaft gründen, in der ihr alle monatlich einen gewissen Beitrag zahlt für den Fall, dass eines eurer Häuser abbrennt. Wer errechnet hier den passenden und auch gerechten Beitrag? Jedes Haus hat ja einen anderen Wert. Wer verwaltet das Geld? Vertraust du dieser Person auch? Du merkst, dass das gar nicht so einfach ist, und ich persönlich bevorzuge dann doch die Variante, mit der wir heutzutage leben.

Gefühlt kann man sich heute gegen fast alles versichern. Dabei sind doch einige sehr fragwürdige Versicherungen mit dabei, die man vielleicht nicht unbedingt abschließen sollte. Einige andere dagegen sind unglaublich wichtig und sichern deine finanzielle Existenz ab. Wie du eine Entscheidung für oder gegen eine Versicherung fällen solltest, erkläre ich dir später natürlich ebenfalls.

Für mich persönlich – wie bereits erwähnt – sind Versicherungen eine der genialsten »Erfindungen« überhaupt. Ohne Versicherungen hätte sich unsere Welt niemals so (schnell) entwickeln können. Denn Menschen wären niemals verschiedene Risiken eingegangen, wenn diese nicht irgendwie finanziell abgesichert gewesen wären (vor allem auch Unternehmen). Deshalb verdienen Versicherungen eigentlich einen viel besseren Ruf als den, den sie haben. Vielleicht denkst du am Ende dieses Buches genauso. Wobei den schlechten Ruf vielleicht nicht unbedingt die Versicherungen an sich haben, sondern eher die Versicherungsvermittler und die Versicherer dahinter? Aber auch dazu im Verlauf des Buches mehr.

WELCHE VERSICHERUNGEN SICH LOHNEN UND WARUM DAS DIE FALSCHE FRAGE IST

Wenn es eine Fragestellung gibt, die ich zumeist über Instagram immer wieder gestellt bekomme, dann ist es diese: »Lohnt sich Versicherung XY?« Für das »XY« kannst du jede beliebige Versicherung einsetzen. Definitiv am häufigsten wird gefragt, ob sich eine Berufsunfähigkeitsversicherung lohnt oder nicht. Und die einzig wahre und ehrliche Antwort auf Fragen dieser Art ist, dass das niemand beantworten kann. Es ist schlichtweg mathematisch nicht möglich. Denn um eine Aussage darüber treffen zu können, ob sich eine Versicherung lohnt, braucht es verschiedene Variablen, die aber unbekannt sind. Und dann wird es eben rechnerisch unmöglich, die Frage nach dem Lohnen zu beantworten. Ich versuche das Ganze mal am Beispiel der Berufsunfähigkeitsversicherung zu erklären. Du müsstest wissen, wie viel an Beiträgen du in die Versicherung bis zum Eintritt der Berufsunfähigkeit eingezahlt hast. Entsprechend müsstest du exakt wissen, wann du berufsunfähig wirst (oder ob du überhaupt berufsunfähig wirst). Weiterhin ist relevant, wie lange du dann deine vereinbarte Berufsunfähigkeitsrente ausgezahlt bekommst. Das allein sind einfach schon viel zu viele Unbekannte, wodurch es einfach nicht möglich ist, diese Frage zu beantworten. So sehr sich das die meisten Menschen auch wünschen.

Die richtige Frage wäre also: »Ist Versicherung XY für mich, in meiner individuellen Situation und mit meinem individuellen Risikoempfinden, sinnvoll oder nicht?« Oder sehr plakativ ausgedrückt: »Kannst du nachts besser schlafen, wenn du weißt, dass das finanzielle Risiko XY abgesichert ist?«

Einzig bei diversen Krankenzusatzversicherungen ist es möglich, die Frage nach dem Lohnen zu beantworten. Wenn du zum Beispiel weißt, dass du monatlich 17 Euro für die Krankenzusatzversicherung bezahlst, du jedes Jahr Vorsorgeuntersuchungen für 200 Euro durchführst, dir jedes zweite Jahr eine Brille für 500 Euro holst und die Krankenzusatzversicherung eben genau diese Kosten zu 100 Prozent übernimmt, dann kannst du Kosten und Leistungen exakt gegenüberstellen. In diesem Beispiel würdest du also über zwei Jahre 408 Euro (24 Monate mal 17 Euro) an Beitrag zahlen. Im gleichen Zeitraum erhältst du Leistungen in Höhe von 700 Euro (200 Euro plus 500 Euro). Diese Versicherung würde sich also definitiv lohnen. Ich habe hier übrigens ein sehr realistisches Beispiel gewählt. Tarife dieser Art gibt es tatsächlich. Wahrscheinlich fragst du dich, wie das sein kann? Der Versicherer ist doch nicht dumm, wieso sollte er solche Tarife anbieten, bei denen es tatsächlich im Vorfeld rechnerisch wahrscheinlich ist, dass er mehr bezahlen muss, als er einnimmt? Ich nenne dies das »Fitnessstudio-Konzept«. Ein Fitnessstudio verdient sein Geld in der Regel nicht durch die Leute, die sich anmelden und auch trainieren gehen, sondern durch die Leute, die sich anmelden und kaum oder gar nicht trainieren gehen. Und genauso ist es eben auch bei diesen Versicherungen. Viele Menschen schließen derartige Versicherungen ab, nutzen diese dann aber schlichtweg nicht. Aus den verschiedensten Gründen. Meistens, weil sie einfach vergessen haben, dass sie so eine Versicherung haben, aber monatlich weiter brav den Beitrag zahlen. Eher suboptimal.

Das zeigt eben auch, dass es essenziell ist, dass du nur die Versicherungen abschließt, die wirklich wichtig sind und ein für dich relevantes finanzielles Risiko absichern.

WIE DU DIE RICHTIGEN UND WICHTIGEN VERSICHERUNGEN (FÜR DICH) AUSWÄHLST!

Zwar bin ich der Meinung, dass jedes Kapitel in diesem Buch wichtig ist, wenn es darum geht, Versicherungen wirklich zu verstehen und die richtigen Versicherungsentscheidungen für dein Leben zu treffen, aber dieses Kapitel ist vermutlich besonders wichtig. Denn ich werde nun das große Geheimnis lüften, welche Versicherungen wirklich wichtig sind. Welche Versicherungen du abschließen solltest – und welche Versicherungen eben nicht. Vermutlich hast du schon von diversen Versicherungen gehört, die wichtig sind. Krankenversicherung, private Haftpflichtversicherung, Berufsunfähigkeitsversicherung, private Unfallversicherung und vielleicht noch eine Risikolebensversicherung und eine private fondsgebundene Rentenversicherung für die Altersvorsorge. Dem würde ich auch grundsätzlich zustimmen. Allerdings sind Versicherungen eben ein stark individuelles Thema. Dein Leben sieht anders aus als mein Leben. Du hast vermutlich andere finanzielle Risiken als ich. Wahrscheinlich hast du auch ein ganz anderes Risikobewusstsein beziehungsweise -empfinden als ich. Dein Leben sieht sicher auch ganz anders aus als das Leben deiner Eltern. (Weshalb Eltern, Verwandte und Freunde oft ein sehr schlechter Ratgeber beim Thema Versicherungen sind. Sogar so schlecht, dass ich dem Thema ein eigenes Kapitel widmen musste.)

Und genau deshalb dürfen meiner Meinung nach Versicherungen niemals pauschal bewertet oder empfohlen werden – bis auf wenige Ausnahmen.

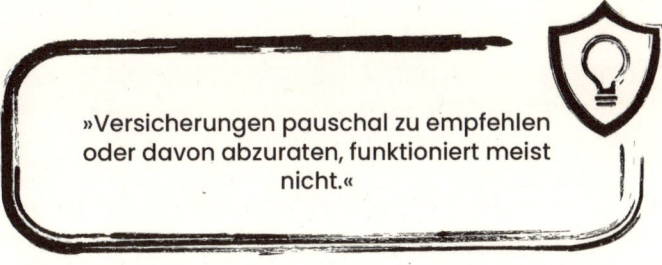

»Versicherungen pauschal zu empfehlen oder davon abzuraten, funktioniert meist nicht.«

Neben den gesetzlichen Pflichtversicherungen (Krankenversicherung, Pflegepflichtversicherung und Kfz-Haftpflichtversicherung), die wir in Deutschland haben, ist die private Haftpflichtversicherung definitiv eine »Must-have-Versicherung«. Dies ist dann auch die gerade erwähnte Ausnahme, welche ich wirklich pauschal jedem empfehle. Für sehr wenig Geld sicherst du dich damit gegen Personen-, Sach- und Vermögensschäden ab, die du anderen Personen zufügst. Unfälle und Missgeschicke können jedem passieren und dann wäre es extrem doof, wenn durch ein Missgeschick deine finanzielle Existenz plötzlich im Eimer wäre. Denn nach Paragraf 823 BGB (Bürgerliches Gesetzbuch) bist du haftbar für Schäden, die du anderen Personen zufügst. Und genau diese Schäden übernimmt dann deine private Haftpflichtversicherung.[7]

Wie schon im Vorwort erwähnt, ist dieses Buch kein klassischer Versicherungsratgeber. Vielleicht schreibe ich so ein Buch auch mal und vermarkte es dann als »Einschlafhilfe für Menschen mit Schlafstörungen«. Vermutlich würde ich auch selbst beim Schreiben mehrfach einnicken. Ich werde im Verlauf zwar noch auf die ein oder andere Versicherung eingehen, aber es geht eben im ersten Schritt nicht darum, zu wissen, wie welche Versicherung exakt funktioniert. Natürlich ist das wichtig und das grundsätzliche Verstehen einer Versicherung sollte definitiv Teil des Prozesses hin zu einem Versicherungsabschluss sein. Aber es ist eben nicht der erste Schritt. Und leider wird genau dieser erste Schritt von den meisten Menschen übersprungen.

Wie sieht nun also der erste und eben auch wichtigste Schritt beim Abschluss einer Versicherung aus? Du musst als Allererstes für dich individuell herausfinden, welche finanziellen Risiken es in deinem Leben überhaupt gibt. Denn nur dann kann hiervon abgeleitet werden, welche Versicherungen diese finanziellen Risiken absichern. Eine Versicherung macht übrigens immer genau das: Sie sichert ein finanzielles Risiko ab. Immer.

Und diese Risiken sind auf die Einzelperson bezogen absolut individuell.

An der Stelle vielleicht ein weiteres, sehr bildliches Beispiel. Stell dir vor, dass jeder Mensch mit einem Rucksack durchs Leben läuft. Dieser Rucksack beinhaltet alle finanziellen Risiken, die dich in deinem Leben treffen können. Manche sind groß, manche sind klein. Und so sind auch manche Rucksäcke groß und schwer und andere vielleicht etwas kleiner und leichter. Aber Fakt ist, dass du diesen Rucksack durch dein Leben schleppen musst, ob du willst oder nicht. Und das kann – je nach Gewicht des Rucksacks – echt anstrengend sein. Anstrengend im Sinne von körperlich anstrengend in meinem Beispiel, aber vor allem mental anstrengend im echten Leben. Und jetzt stell dir vor, dass es jemanden gibt, der dir anbietet, deinen Rucksack oder einen Teil des Inhalts deines Rucksacks für eine gewisse Zeit deines Lebensweges für dich zu tragen. Dadurch würdest du – im wahrsten Sinne des Wortes – vermutlich um einiges unbeschwerter durchs Leben gehen. Aber natürlich macht das diese Person nicht umsonst. Damit sie für dich den Rucksack schleppt, möchte sie entsprechend vergütet werden. Im Gegenzug verspricht sie aber auch, dass sie, wenn eines der Risiken aus dem Rucksack in dein Leben tritt, die finanziellen Schäden für dich übernimmt. Und zwar in der Höhe und dem Umfang, wie ihr es in einem Vertrag festlegt.

Mit diesem Beispiel möchte ich dir bewusst machen, dass du selbst entscheiden musst, welche finanziellen Risiken in deinem Leben wirklich schwer wiegen und du deshalb gerne abgeben möchtest und welche du weiterhin komplett selbst tragen möchtest.

Und diese Entscheidungen solltest du immer anhand der folgenden Entscheidungsstruktur fällen:

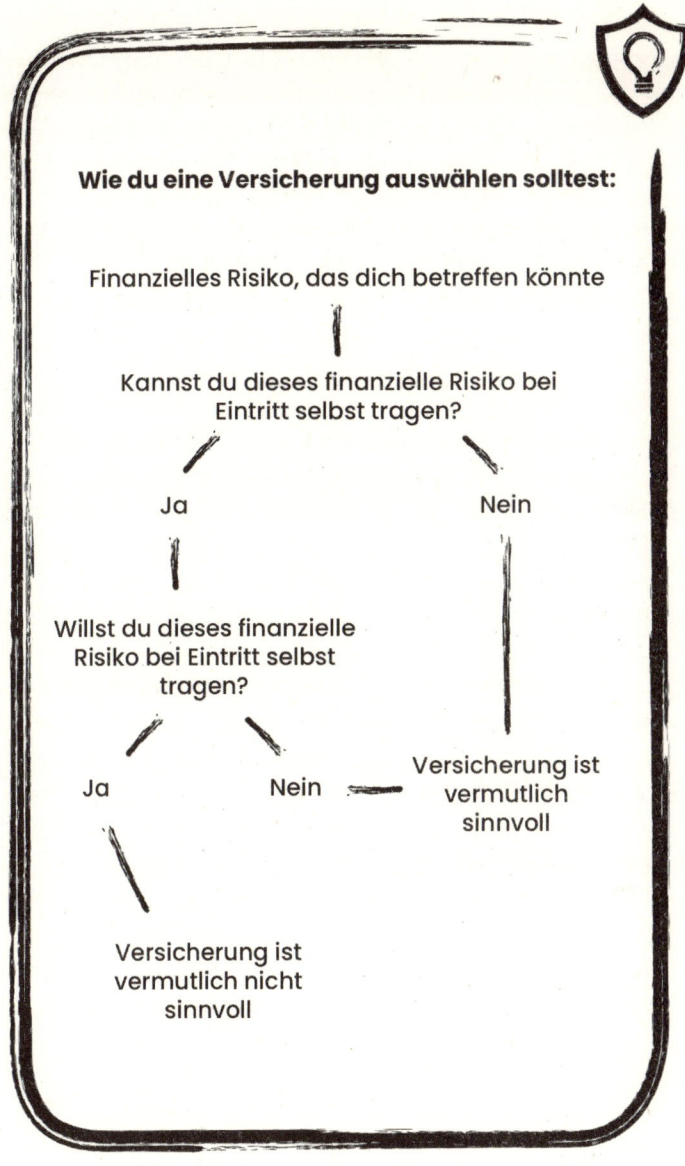

Wie du eine Versicherung auswählen solltest:

Finanzielles Risiko, das dich betreffen könnte

Kannst du dieses finanzielle Risiko bei Eintritt selbst tragen?

Ja → Nein

Willst du dieses finanzielle Risiko bei Eintritt selbst tragen?

Ja → Nein → Versicherung ist vermutlich sinnvoll

Versicherung ist vermutlich nicht sinnvoll

Du prüfst als Erstes, welche finanziellen Risiken dich und dein Leben beziehungsweise das Leben deines Partners, deiner Kinder etc. treffen könnten. Das könnte das Abbrennen des finanzierten Eigenheims sein oder der Verlust der eigenen Arbeitskraft durch eine nicht vorhersehbare Krankheit.

Als Nächstes legst du fest, ob du das jeweilige finanzielle Risiko, wenn es eintritt, selbst tragen kannst oder nicht beziehungsweise ob du es selbst tragen willst oder nicht. Kannst du es selbst nicht tragen oder willst du es selbst nicht tragen (obwohl du es finanziell könntest), dann ist in diesem Fall die Absicherung des Risikos durch eine Versicherung vermutlich sehr sinnvoll.

Willst und kannst du das finanzielle Risiko aber selbst tragen, weil es vielleicht relativ gut kalkulierbar ist oder weil du einfach ausreichende finanzielle Reserven hast, dann ist eine Versicherung vermutlich eher weniger sinnvoll.

Abschließend musst du dann noch prüfen, ob die Absicherung des Risikos auch in einem für dich tragbaren Verhältnis zum zu zahlenden Beitrag für die Versicherung steht. Dies ist natürlich auch wichtig.

Und genau diese Vorgehensweise empfehle ich dir vor dem Abschluss jeder Versicherung.

Denn nur so wirst du wirklich feststellen können, welche Versicherung du tatsächlich brauchst und welche eben nicht. Und vor allem weißt du das dann auch noch in fünf oder zehn Jahren. Eines der größten Probleme ist, dass Menschen Versicherungen abschließen, ohne genau zu wissen, warum sie das gemacht haben, und diese dann ein paar Jahre später eben aus diesem Grund wieder kündigen. »Ja, ja, ich hab da mal was gemacht ...!« Und wenn das dann doch zufällig eine sehr wichtige Versicherung war, die man gekündigt oder eben nie abgeschlossen hat ... tja ... dann kann das ordentlich nach hinten losgehen.

Zwei Punkte sind mir hier noch wichtig. Zum einen wird, denke ich, nun klar, dass die Absicherung deines Lebens, deiner persönlichen finanziellen Risiken zu 100 Prozent in deiner Verantwortung liegt. Niemand sonst ist dafür verantwortlich. Mit dir fängt alles an.

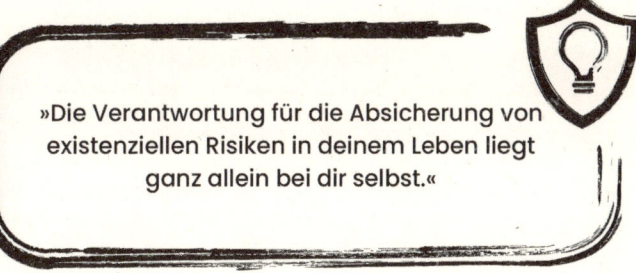

»Die Verantwortung für die Absicherung von existenziellen Risiken in deinem Leben liegt ganz allein bei dir selbst.«

Und sehr oft bekomme ich leider mit, dass nur wenige Menschen bereit sind, diese Verantwortung anzunehmen und dann eben auch entsprechend zu handeln. Viel zu oft wird die Verantwortung weggeschoben, und wenn dann plötzlich ein finanzielles Risiko eingetreten ist, wird mit dem Finger sofort auf alle anderen gezeigt und die Schuld dort gesucht, aber bloß nicht bei einem selbst. Ist vielleicht auch menschlich, so zu reagieren.

Aber Fakt ist eben auch, dass das Leben so schlichtweg nicht funktioniert. Dein Leben, deine Verantwortung. Und das ist auch gut so. Wer die Verantwortung trägt, hat auch die Kontrolle. Und ich würde ungern jemand anderem die Kontrolle über mein Leben überlassen.

Zum anderen ist mir auch vollkommen bewusst, dass nicht jeder finanziell in der Lage ist, die individuellen Risiken, die das eigene Leben betreffen können, abzusichern. Versicherungen kosten Geld. Manchmal viel Geld. Je nachdem, wie groß das kalkulatorische Risiko für den Versicherer ist. Daran kann ich selbst leider auch nichts ändern, verstehe aber absolut den Frust, wenn man sich gerne absichern möchte, zum Beispiel gegen Berufsunfähigkeit, aber dann der Beitrag schlichtweg zu hoch ist, als dass man diesen selbst tragen könnte. An dieser Stelle kann ich nur empfehlen, dass du mal prüfst, welche Ausgaben du allgemein hast. Gibt es vielleicht Ausgaben, die doch eher sinnlos sind? Kannst du auch die ein oder andere Versicherung kündigen, die kein wirklich großes finanzielles Risiko für dich absichert? Wenn es um finanzielle Entscheidungen geht, wenn es um Geld geht, wenn es um die Absicherung deiner finanziellen Existenz geht, geht es auch immer darum, welchen Stellenwert du selbst diesem Thema gibst. Hat dieses Thema wirklich eine hohe Priorität oder ordnest du es verschiedenen unwichtigen Konsumausgaben unter? Das soll an dieser Stelle

nur ein kleiner Impuls sein, dass du allgemein mal deine Haushalts-
ausgaben überprüfst, falls du das noch nicht gemacht hast.

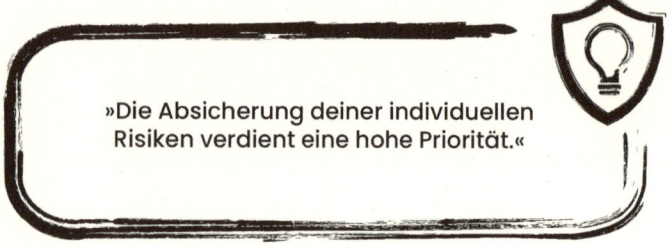

»Die Absicherung deiner individuellen
Risiken verdient eine hohe Priorität.«

WARUM DIE BILLIGSTE VERSICHERUNG MEIST NICHT DIE BESTE IST

Wir haben gerade schon mal kurz über den Preis einer Versicherung gesprochen. Dieser muss natürlich für dich persönlich in einem annehmbaren Verhältnis zur Leistung beziehungsweise dem Schutz stehen, den dir die Versicherung bietet. Darüber hinaus ist es ebenfalls wichtig, dass du nicht zu viel für deine Versicherungen zahlst. Es macht ja schlichtweg keinen Sinn, für eine bestimmte Leistung mehr zu zahlen als nötig. Dies verleitet leider aber auch recht schnell dazu, bei Versicherungen einfach nur auf den Preis zu schauen und dann die Versicherung auszuwählen, die am billigsten ist. Und wie du dir wohl bereits denken kannst, solltest du das definitiv nicht so machen. Erst die Leistung, dann der Preis. Immer!

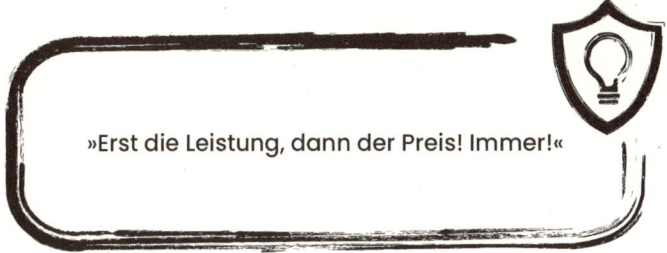

»Erst die Leistung, dann der Preis! Immer!«

Merke dir bitte unbedingt diesen Satz! Genau dies ist eben auch in vielen Fällen der Grund dafür, dass eine Versicherung in einem bestimmten Fall nicht oder zu wenig geleistet hat. Nicht, weil die Versicherung dich abzocken will, sondern weil es eben genau so vertraglich vereinbart ist. Nur ist diese vertragliche Vereinbarung oft nicht deckungsgleich mit dem, was die Menschen denken, was versichert ist. Weil nur auf den Preis geschaut wurde und weil man sich nie wirklich mit dem Thema auseinandergesetzt hat. Da sind wir wieder bei der vorhin angesprochenen Eigenverantwortung. Das wird auch nicht das letzte Mal sein, dass ich diese anspreche. Auch wenn du das vielleicht nicht unbedingt gerne liest, vor allem weil dir die Medien und die Gesellschaft lange genug eingetrichtert haben, dass IMMER der Versicherer der Böse ist. Ohne Ausnahme! Der Kunde trägt nie die Schuld!

Das ist einfach. Zu einfach.

Und entspricht eben auch nicht der Realität. Aber eine Titelseite, auf der steht, dass mal wieder in irgendeinem (Ausnahme-)Fall ein Versicherer nicht geleistet hat und vielleicht auch einen richtigen Bock geschossen hat, verkauft sich halt viel besser, als mal zu schreiben, wie viele Millionen Euro jeden Tag ohne Probleme an Leistungen ausgezahlt werden. Und genau dadurch ergibt sich in deiner und in der Wahrnehmung allgemein ein extrem verzerrtes und eben unwahres Bild der Realität. Wie es grundsätzlich um die Zahlungsbereitschaft der Versicherer steht, erfährst du gleich im nächsten Kapitel.

Hast du schon mal den Satz gehört »Wer billig kauft, kauft zweimal!«? Da ist durchaus was dran. Billig ist übrigens nicht das Gleiche wie günstig. Billig bedeutet meist, dass du etwas kaufst, das aus eher minderwertigem Material hergestellt wurde und daher auch einen sehr geringen Preis hat. Lange halten wird dieses Produkt dann aber eher nicht. Günstig dagegen bedeutet, dass Preis und Leistung in einem guten Verhältnis stehen. Es wurden qualitativ gute oder hochwertige Materialien verwendet und die Lebensdauer ist dadurch entsprechend länger.[8]

Dafür ist aber auch der Preis höher. Und wenn man billig kauft, dann gibt man eben höchstwahrscheinlich (mindestens) zweimal Geld aus und wäre langfristig finanziell vermutlich besser gefahren, wenn man gleich auf ein qualitativ besseres Produkt gesetzt hätte.

Das Gleiche gilt auch bei Versicherungen. Mit einem kleinen, aber signifikanten Unterschied:

Du wirst bei einer Versicherung meistens erst dann merken, ob du »billig gekauft« hast, wenn der Schaden bereits eingetreten ist und deine Versicherung nicht zahlt oder eben nur viel weniger als es der Höhe des tatsächlichen Schadens entspricht. Und dann ist es leider zu spät. Denn bei Versicherungen gilt: Wer billig kauft, bekommt meist keine zweite Chance.

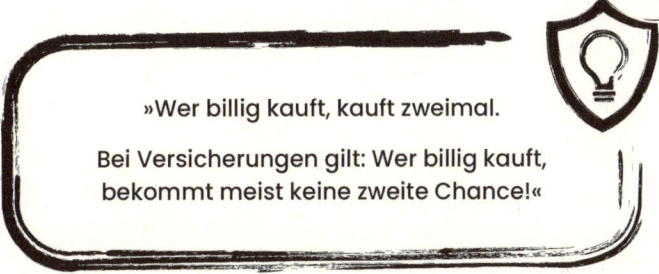

»Wer billig kauft, kauft zweimal.

Bei Versicherungen gilt: Wer billig kauft, bekommt meist keine zweite Chance!«

Genau deshalb ist es so wichtig, dass du erst auf die Leistungen schaust und dann auf den Preis. Und ich weiß schon, welche Frage dir gerade auf den Lippen brennt: »Okay, schön und gut, aber wer sagt denn, dass dann eine gute Versicherung auch wirklich leistet?! Und wie finde ich im Vorfeld heraus, welche Versicherung wirklich gut ist?«

Die Antworten auf diese durchaus berechtigten Fragen liefere ich dir in den nachfolgenden Kapiteln.

AM ENDE ZAHLT DIE VERSICHERUNG DOCH EH NIE!

D ie Überschrift dieses Kapitels ist vermutlich zugleich auch einer der größten (unwahren) Glaubenssätze, die wir alle in Deutschland im Kopf haben. Wir zahlen jahrelang brav Beiträge, und wenn man dann mal eine Leistung in Anspruch nehmen möchte, dann zahlt die Versicherung nicht. »So läuft das doch IMMER! Zumindest hat Oma das mal so gesagt. Oder Opa. Und der Kumpel beim Fußball. Der muss recht haben, denn der schreit immer am lautesten. Und auch in der Zeitung hat es vor Kurzem gestanden. Also, Basti, erzähl mir nicht, dass das nicht stimmt!«

Doch. Tue ich. Muss ich. Weil es einfach mal Zeit wird, mit diesem gefährlichen Halbwissen aufzuräumen. Halbwissen, das dich und deine finanziellen Entscheidungen maximal sabotiert.

> »Das gefährliche Halbwissen bei Versicherungen sabotiert andauernd deine Versicherungs-Entscheidungen.«

Denn wer so denkt, wird im Zweifel wichtige Versicherungen nicht abschließen. Und all das nur, weil man sich von falschen Annahmen hat leiten lassen. Das wiederum bedeutet, dass es in deinem maximalen Eigeninteresse sein muss, deine bisherigen, unwahren Glaubenssätze und Annahmen durch richtige Glaubenssätze und Fakten zu ersetzen.

Schauen wir uns deshalb doch mal ein paar echte »harte« Zahlen an, was die Leistungen von Versicherungen in Deutschland angeht. Alle nachfolgenden Werte kannst du sehr gerne selbst unter https:// de.statista.com/ nachlesen und gegenprüfen.

Ich habe mal die Zahlen für die bekanntesten und relevantesten Versicherungen herausgesucht. Alle Werte beziehen sich auf das Jahr 2020. Was die Berufsunfähigkeitsversicherungen im Speziellen angeht, habe ich später noch ein paar spannende Zahlen für dich.

Neben den ausgezahlten Leistungen habe ich auch die gezahlten Beiträge im gleichen Zeitraum mit dazu genommen. Das habe ich deshalb gemacht, damit du sehen kannst, dass doch ein erheblicher Teil dessen, was an Beiträgen an die Versicherung fließt, wieder ausgezahlt wird. Und natürlich bleibt auch was bei der Versicherung hängen. Das muss ja so sein. Der Versicherer hat Personalkosten, Verwaltungs- und Vertriebskosten und so weiter wie nahezu jedes andere Unternehmen eben auch. Mir ist nur wichtig, dass klar ist, dass die gezahlten Beiträge abzüglich der Leistungen nicht dem Gewinn der Versicherer entsprechen.

Private Haftpflichtversicherung

Ausgezahlte Leistungen circa 5,3 Milliarden Euro, Beitragseinnahmen circa 8,14 Milliarden Euro.

Kfz-Versicherung (Kfz-Haftpflichtversicherung inklusive Teilkasko- und Vollkaskoversicherung)

Ausgezahlte Leistungen circa 22 Milliarden Euro, Beitragseinnahmen circa 28,9 Milliarden Euro.

Rechtsschutzversicherung

Ausgezahlte Leistungen circa 3,2 Milliarden Euro, Beitragseinnahmen circa 4,4 Milliarden Euro.

Wohngebäudeversicherung
Ausgezahlte Leistungen circa 5,8 Milliarden Euro (aufgrund von Naturkatastrophen im Jahr 2021 könnte die Höhe der gezahlten Leistungen 2021 die Höhe der Beitragseinnahmen sogar übertreffen),
Beitragseinnahmen circa 8,8 Milliarden Euro.

Hausratversicherung
Ausgezahlte Leistungen circa 1,1 Milliarden Euro,
Beitragseinnahmen circa 3,3 Milliarden Euro.

Private Unfallversicherung
Ausgezahlte Leistungen circa 3,3 Milliarden Euro,
Beitragseinnahmen circa 6,7 Milliarden Euro.[9]

Wenn wir jetzt also nur mal die gerade aufgezählten Versicherungen hernehmen, so haben die Versicherer in Deutschland im Jahr 2020 über 40 Milliarden Euro an Leistungen an Versicherte gezahlt. 40.000.000.000 Euro. Der tatsächliche Wert (aller Versicherungsarten) liegt natürlich noch weit drüber. Diese Zahl kann man mit Sicherheit auf vielfältige Weise interpretieren. Aber die These, dass Versicherer ja nie zahlen würden, sollte nun ein für alle Mal vom Tisch sein.

Nichtsdestotrotz gibt es natürlich auch Fälle, in denen eine Versicherung nicht gezahlt hat. Die Gründe hierfür können sehr unterschiedlich sein. In vielen Fällen war es eine falsche Erwartungshaltung des Kunden, der dachte, dass XY versichert ist, aber dies niemals und unter keinen Umständen der Fall war. Das hätte der Kunde möglicherweise auch wissen können – hätte er dem Thema Versicherung entsprechend die Zeit gewidmet, die es verdient. Autsch! Das tat gerade weh, oder? Ich weiß. Aber ich schreibe dieses Buch eben nicht, um dich in Watte zu packen, sondern um dir die harte Realität mitzuteilen. Und die Wahrheit tut eben manchmal weh. Unwissenheit schützt nicht vor Strafe, wobei die Strafe in dem Fall dann eine ausbleibende Versicherungsleistung wäre.

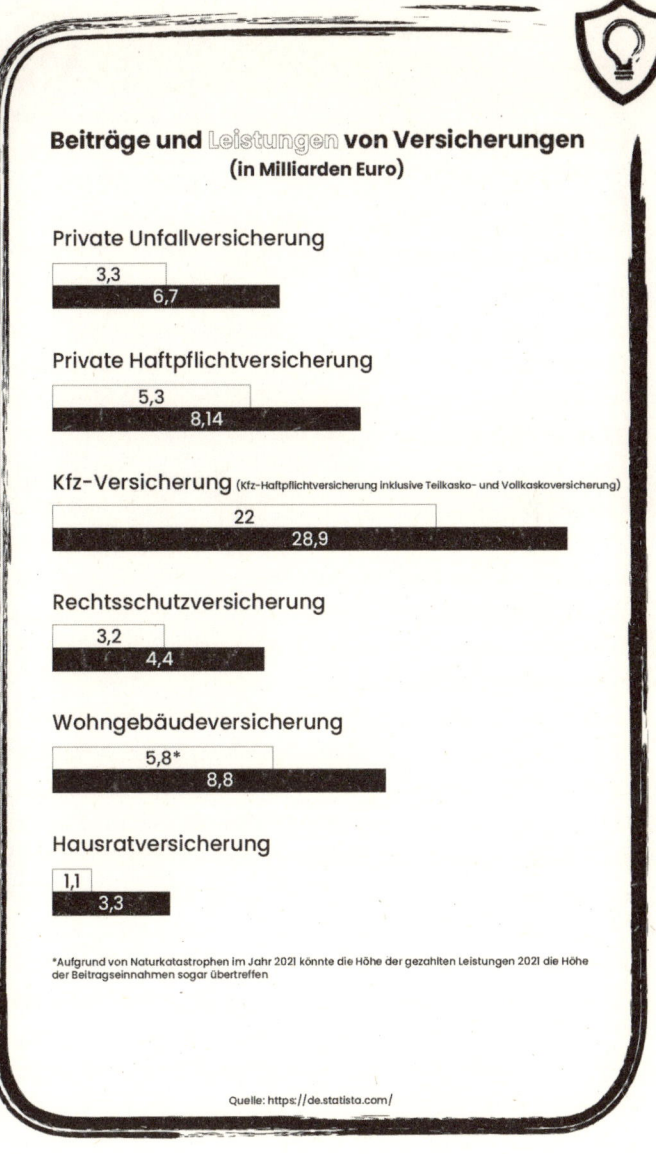

Beiträge und Leistungen von Versicherungen
(in Milliarden Euro)

Private Unfallversicherung

3,3

6,7

Private Haftpflichtversicherung

5,3

8,14

Kfz-Versicherung (Kfz-Haftpflichtversicherung inklusive Teilkasko- und Vollkaskoversicherung)

22

28,9

Rechtsschutzversicherung

3,2

4,4

Wohngebäudeversicherung

5,8*

8,8

Hausratversicherung

1,1

3,3

*Aufgrund von Naturkatastrophen im Jahr 2021 könnte die Höhe der gezahlten Leistungen 2021 die Höhe der Beitragseinnahmen sogar übertreffen

Quelle: https://de.statista.com/

> »Unwissenheit schützt nicht vor Strafe.
> Bei Versicherungen wäre die Strafe dann
> eine ausbleibende Versicherungsleistung.«

Aber es gibt eben auch die Fälle, in denen eine Versicherung hätte zahlen müssen. Und es nicht getan hat oder erst nach einem monatelangen oder jahrelangen Rechtsstreit. Und das sind die Fälle, bei denen ich mich sehr oft für meine eigene Branche, in der ich tätig bin, schämen muss.

Und das sind eben die Fälle, die bei dir im Kopf hängen bleiben. Das sind die Fälle, über die berichtet wird. Nicht die ganzen anderen Fälle, bei denen anstandslos geleistet wird. Und schon sind wir wieder beim bereits angesprochenen verzerrten Realitätsbild.

Versicherungen sollen Menschen finanziell absichern. Man verlässt sich auf Versicherungen.

Wie viele Werbeslogans gibt es, die dir suggerieren: »Wir sind da, wenn's drauf ankommt!«, »auf uns kannst du dich verlassen!«, »wir kümmern uns!«? Nur wenn dann halt das genau nicht der Fall ist, wenn es drauf ankommt, dann kommt man sich als Kunde doch ziemlich verarscht vor. Und das kann ich zu 100 Prozent nachvollziehen. So darf und soll es einfach auch nicht sein. Das darf nicht der Anspruch einer Versicherung sein.

Ich würde an dieser Stelle gerne schreiben, dass du absolut sicher sein kannst, dass du später mal keine Probleme mit eventuellen Leistungen von deiner Versicherung haben wirst, wenn du all meine Tipps und Prinzipien in diesem Buch anwendest. Aber es kann einfach immer mal was schiefgehen. Es kann immer mal sein, dass dir auch aus Versehen eine Leistung nicht zugesprochen wird, die dir laut Vertragsbedingungen aber zustehen würde.

Du darfst auch nie vergessen, dass am anderen Ende beim Versicherer auch nur Menschen sitzen. Und Menschen machen Fehler. Zwar schreitet die Digitalisierung stark voran und irgendwann wird in vielen Fällen nur noch eine künstliche Intelligenz bestimmte Schadensmeldungen bearbeiten, aber davon sind wir in der Versicherungsbranche doch noch ein ganzes Stück weit entfernt. Ich möchte sogar sagen, sehr weit entfernt. Manchmal habe ich das Gefühl, dass bei manchen Versicherern noch Windows 95 auf den Rechnern läuft. Wie lange manche Prozesse teilweise dauern, ist erschreckend. Vor allem wenn du als Verbraucher aus anderen Lebensbereichen ganz andere Geschwindigkeiten gewohnt bist.

Auch hier ist mir wichtig, dass du weißt, dass die Versicherungsmühlen extrem langsam mahlen. Das ist einfach so. Teilweise wird mit Systemen gearbeitet, die über die Jahrzehnte so stark verwachsen sind, dass man Angst hat, dass alles zusammenbricht, wenn man sie ändert. Und deshalb bleibt man eben bei einem System, das den Technologie-Stand von 2000 hat.

Zwar kann ich dir hier keine Garantie aussprechen, dass du nie Probleme haben wirst mit deiner Versicherung, wenn du meine Ratschläge befolgst, was ich dir aber zu 100 Prozent sagen kann, ist, dass die Wahrscheinlichkeit, dass du mal Probleme mit deiner Versicherung haben wirst, stark sinken wird, wenn du meinen Prinzipien folgst und dir auch das richtige Versicherungs-Mindset aneignest.

Was ich mit dem »richtigen Versicherungs-Mindset« meine, erfährst du in einem späteren Kapitel.

WELCHE VERSICHERUNGEN SIND EIGENTLICH PFLICHT?

Wenn du in Deutschland lebst, dann sind manche Versicherungen Pflicht. Das heißt, dass du diese Versicherungen per Gesetz haben musst – ob du willst oder nicht. Diese habe ich zuvor bereits kurz angerissen.

Zum einen sind dies die Kranken- und Pflegepflichtversicherung und zum anderen die Kfz-Haftpflichtversicherung, wenn du Halter eines Kfz bist. Dazu gibt es dann für Arbeitnehmer noch diverse Sozialversicherungen, die auch Pflicht sind. Das sind die Versicherungen, die dein Gehalt auf deiner Lohnabrechnung nicht unerheblich schrumpfen lassen. Neben den bereits erwähnten Beiträgen für die gesetzliche Krankenversicherung und die Pflegepflichtversicherung kommen noch die Beiträge zur gesetzlichen Rentenversicherung und Arbeitslosenversicherung hinzu. Solltest du privat krankenversichert sein, so zahlst du diesen Beitrag direkt von deinem eigenen Konto und erhältst hier den Arbeitgeberzuschuss mit deinem Gehalt überwiesen. Den Beitrag zur gesetzlichen Unfallversicherung zahlt übrigens zu 100 Prozent dein Arbeitgeber.

In der Grafik unten siehst du die aktuellen Beitragssätze zu den jeweiligen Sozialversicherungen (Quelle: https://www.haufe.de/personal/entgelt/beitragssaetze-zur-sozialversicherung_78_493770.html).

Der Vollständigkeit halber sei noch erwähnt, dass es in manchen Bundesländern auch noch die Pflicht zu einer Hundehalterhaftpflichtversicherung gibt, wenn man einen Hund besitzt. Auch für Drohnen besteht in Deutschland eine Versicherungspflicht.

Versicherung	Beitragssatz in Prozent	Anteil Arbeitgeber in Prozent	Anteil Arbeitnehmer in Prozent
Krankenversicherung (KV) – allgemeiner Beitragssatz	14,6	7,3	7,3
Krankenversicherung (KV) – ermäßigter Beitragssatz	14,0	7,0	7,0
Individueller TK-Zusatzbeitragssatz	1,2	0,6	0,6
Durchschnittlicher Zusatzbeitragssatz (festgelegt vom Bundesministerium für Gesundheit)	1,3		
Rentenversicherung (RV)	18,6	9,3	9,3
Arbeitslosenversicherung (AV)	2,4	1,2	1,2
Pflegeversicherung (PV)	3,05	1,525*	1,525
PV-Zuschlag für kinderlose Mitglieder ab 23 Jahren	3,30	1,525*	1,875

*Ausnahme Sachsen

Stand 2022

Quelle: https://www.haufe.de/personal/entgelt/beitragssaetze-zur-sozialversicherung_78_493770.html

Auch kann es sein, dass je nach Beruf und Hobby weitere Versicherungen für dich Pflicht sind, zum Beispiel eine Berufshaftpflichtversicherung oder Jagdhaftpflichtversicherung. Mein Unternehmen darf zum Beispiel gar nicht tätig werden, wenn ich gegenüber der IHK (Industrie- und Handelskammer) nicht nachweise, dass eine Vermögensschadenhaftpflichtversicherung entsprechend der gesetzlichen Vorgaben besteht.

WELCHE VERSICHERUNGEN SIND (GRUNDSÄTZLICH) SINNVOLL?

*D*u hast nun ja bereits gelernt, wie du an eine Versicherungsentscheidung herangehen solltest, um für dich persönlich abzuwägen, welche Versicherungen für dich Sinn machen und welche nicht. Nichtsdestotrotz möchte ich in diesem Kapitel konkret auf ein paar Versicherungen eingehen, die grundsätzlich für die meisten Menschen sinnvoll sind. Ja, es gibt Ausnahmen.

Deswegen solltest du auch die nachfolgenden Versicherungen für dich selbst ausloten und entscheiden, ob sie dir wirklich finanzielle Sicherheit bieten oder nicht. Man könnte diese Versicherungen in zwei Kategorien aufteilen: in »für deine finanzielle Existenz heute« und in »für deine finanzielle Existenz in der Zukunft«. Erstere sorgen quasi dafür, dass du im Hier und Jetzt und an allen nachfolgenden Tagen abgesichert bist, und Letztere sorgen dafür, dass dein Zukunfts-Ich in 30, 40 oder 50 Jahren eben auch finanziell gut leben kann. Wie du deine finanzielle Existenz in der Zukunft absichern kannst, bespreche ich im Kapitel »Altersvorsorge oder: Dein finanzielles Ich in der Zukunft«.

> »Es gibt Versicherungen für deine finanzielle Existenz heute und für deine finanzielle Existenz in der Zukunft!«

Ich werde versuchen, dir einen guten Überblick und ein Verständnis für diese Versicherungen zu vermitteln. Da es Hunderte verschiedene Versicherer mit noch mal mehr unterschiedlichen Tarifen gibt, ist es unmöglich, jeden einzelnen Leistungsbaustein zu beschreiben oder zu erklären. Das wäre auch zu viel des Guten. Wichtig ist, dass du weißt, welche wirklich wichtigen Versicherungen es gibt und wie sie grundsätzlich funktionieren, sodass du dich dann entscheiden kannst, welche für dich persönlich Sinn macht, und dir dann zum Beispiel einen entsprechenden Versicherungsexperten mit dazuholen kannst, um die richtigen Versicherer und Tarife auszuwählen. Das wäre in meinen Augen zumindest der Königsweg. Der sicherste Weg. Warum du die Auswahl von Versicherern und Tarifen nicht unbedingt immer auf eigene Faust treffen solltest, wirst du auch noch in diesem Buch erfahren.

Private Haftpflichtversicherung

Über die private Haftpflichtversicherung hast du ja bereits ein wenig erfahren. Da sich aus Paragraf 823 Absatz 1 BGB eine gesetzliche Haftung ergibt, wenn du einer anderen Person oder dem Eigentum einer anderen Person einen Schaden zufügst, macht es durchaus Sinn, die möglicherweise sehr hohen Kosten auf eine Versicherung abzuwälzen.

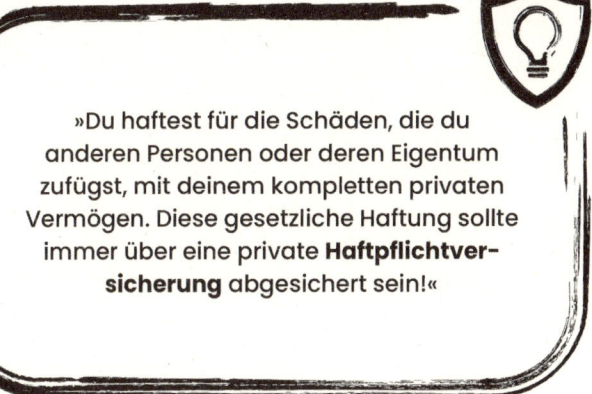

»Du haftest für die Schäden, die du anderen Personen oder deren Eigentum zufügst, mit deinem kompletten privaten Vermögen. Diese gesetzliche Haftung sollte immer über eine private **Haftpflichtversicherung** abgesichert sein!«

Hast du keine private Haftpflichtversicherung und verursachst zum Beispiel einen Personen- oder Sachschaden, haftest du im Zweifel mit deinem kompletten privaten Vermögen. Egal ob mit dem Geld auf dem Bankkonto oder deinem vor Kurzem abbezahlten Haus. Alles steht dann plötzlich auf dem Spiel. Das heißt, dass im schlimmsten Fall deine komplette finanzielle Existenz, dein Lebensstandard, alles, was du dir bis zu diesem Zeitpunkt aufgebaut hast, im Eimer ist. Nur wegen eines dummen Missgeschicks, das dir passiert ist und durch das eine andere Person geschädigt wurde. So weit sollte es also nie kommen. Zum Glück kostet dieser Schutz im Verhältnis zu den versicherten Leistungen relativ wenig. Je nach Single- oder Familientarif musst du hier mit 50 bis 100 Euro Beitrag im Jahr rechnen. Und genau deshalb ist die private Haftpflichtversicherung ein absoluter »No-Brainer«. Heißt, hier braucht man nicht großartig darüber nachzudenken, ob diese Versicherung Sinn macht oder nicht. Selbst wenn ich unglaublich reich wäre, würde ich diese Versicherung immer abschließen. Weil sie eben so wenig kostet und so viel absichert.

Was ebenfalls ganz cool ist: Deine private Haftpflichtversicherung prüft immer, ob gegen dich gerichtete Schadensersatzansprüche auch wirklich rechtens sind. Wenn dies nicht der Fall ist, wehrt sie diese Ansprüche für dich ab. Somit agiert die private Haftpflichtversicherung auch als eine Art »passiver« Rechtsschutz.

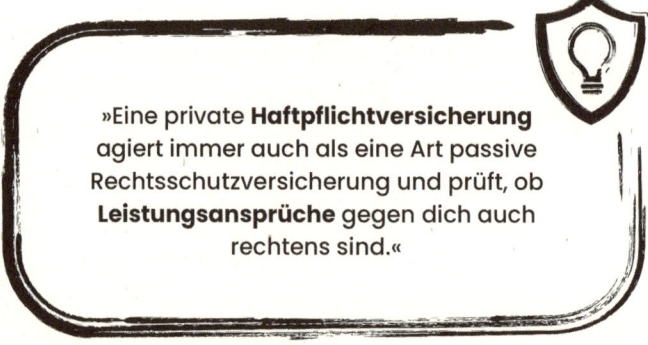

»Eine private **Haftpflichtversicherung** agiert immer auch als eine Art passive Rechtsschutzversicherung und prüft, ob **Leistungsansprüche** gegen dich auch rechtens sind.«

Jetzt noch ein paar allgemeine wichtige Infos zur privaten Haftpflichtversicherung:

Was ist genau versichert?

Eine private Haftpflichtversicherung versichert dich grundsätzlich gegen Personen-, Sach- und echte beziehungsweise unechte Vermögensschäden, die du einer anderen Person unbeabsichtigt zugefügt hast. Vor allem Personenschäden können sehr schnell sehr teuer werden, wenn du zum Beispiel lebenslang für den Unterhalt der geschädigten Person aufkommen musst. Geleistet wird dann immer im Rahmen der jeweiligen Versicherungssumme. Diese sollte mindestens bei 10 Millionen Euro liegen. Oft kostet eine maximale Versicherungssumme von 50 oder 100 Millionen Euro aber nicht viel mehr. Meine eigene private Haftpflichtversicherung hat eine maximale Deckungssumme von 50 Millionen Euro.

Welche Punkte sind besonders wichtig?

Auch hier möchte ich kurz ein paar Leistungsbausteine aufführen, die unbedingt enthalten sein sollten in deiner privaten Haftpflichtversicherung. Die Aufzählung ist keinesfalls abschließend, da natürlich immer wieder neue, sinnvolle Leistungen hinzukommen können.

- *Forderungsausfalldeckung*
  Stell dir vor, dass dir jemand einen teuren Sachschaden oder Personenschaden zufügt. Und nun stellt sich heraus, dass diese Person keine eigene private Haftpflichtversicherung hat und auch selbst nicht über die finanziellen Mittel verfügt, um für diesen Schaden aufzukommen. Genau in solch einem Fall würde dann deine eigene private Haftpflichtversicherung einspringen und den Schaden übernehmen. Da immer noch Millionen von Menschen ohne den Schutz einer privaten Haftpflichtversicherung durch Deutschland laufen, ein wirklich wichtiger Baustein. Deine private Haftpflichtversicherung wird dann versuchen, den Schädiger in Regress zu nehmen (die geleistete Zahlung für den Schaden von ihm zurückzufordern). Ob das dann funktionieren wird oder nicht, soll nicht dein Problem sein. Du bist auf alle Fälle nicht auf dem Schaden sitzen geblieben.

- *Verlust von fremden beruflich oder privat überlassenen Schlüsseln*
Vielleicht hast du mal nachgeschaut, was das Austauschen einer kompletten Schließanlage in einem Haus kostet. Ja, genau. Das ist richtig teuer. Und wenn du zum Beispiel den Schlüssel für das Bürogebäude deines Arbeitgebers oder den Wohnungsschlüssel zu deiner Mietwohnung verloren hast, dann müsstest du für diese Kosten aufkommen. Oder eben deine private Haftpflichtversicherung, wenn diese Leistung mitversichert ist. Hier solltest du unbedingt auch auf mögliche Leistungsobergrenzen achten. Dies gilt übrigens nicht für die Schlüssel deiner Eigentumswohnung beziehungsweise deines eigenen Hauses. Denn dies wären ja deine eigenen Schlüssel und keine fremden Schlüssel, die dir zur Nutzung überlassen wurden.

- *Mitversicherung von deliktunfähigen Kindern*
Sehr oft wird angenommen, dass Kinder immer automatisch in der privaten Haftpflichtversicherung der Eltern mitversichert sind. Wenn es sich um einen Familientarif handelt, ist dies grundsätzlich auch der Fall – sofern das Kind alt genug ist. Denn laut Gesetzgeber sind Kinder unter sieben Jahren (unter zehn Jahren im Straßenverkehr) nicht deliktfähig. Nachlesen kannst du dies im Paragrafen 828 BGB.[10]

Und wenn dann dein fünfjähriges Kind zum Beispiel den teuren Fernseher vom Nachbarn versehentlich von der Kommode stößt, dieser danach kaputt ist und du als Elternteil deine Aufsichtspflicht nicht verletzt hast, dann bleibt dein Nachbar tatsächlich auf diesem Schaden sitzen. Klingt irgendwie unfair, ist aber so. Nur sieht das dein Nachbar vielleicht nicht unbedingt so wie der Gesetzgeber, und das gute Nachbarschaftsverhältnis erfährt einen ziemlichen Dämpfer. Es sei denn, du hast deliktunfähige Kinder mitversichert. Dann würde auch hier deine private Haftpflichtversicherung den Schaden übernehmen. Ein durchaus sinnvoller Baustein für Eltern mit kleinen Kindern.

- *Mitversicherung von Mietsachschäden*
Wenn du Mieter bist und in der Mietwohnung einen Schaden am Eigentum des Vermieters verursachst, zum Beispiel an

Wänden oder Fliesen in der Küche, dann würde auch hier deine private Haftpflichtversicherung für den Schaden aufkommen, wenn Mietsachschäden mitversichert waren (sofern der Schaden nicht mutwillig verursacht wurde, beispielsweise durch Bohren von Löchern in der Wand).

- *Best-Leistungs-Garantie (»erweiterte Vorsorge«)*
Vereinfacht ausgedrückt sorgt dieser Leistungsbaustein dafür, dass du immer die bestmögliche Leistung bei einer privaten Haftpflichtversicherung bekommst, die in Deutschland existiert. Bietet also eine andere deutsche private Haftpflichtversicherung in einem bestimmten Bereich mehr Leistungen als deine eigene, dann würde auch deine private Haftpflichtversicherung entsprechend dieser Höhe leisten. Aber Achtung: Dies ist kein Freifahrtschein für alle möglichen Leistungen. Auch hier gibt es Beschränkungen, dass zum Beispiel weiterhin deine (eventuell) vereinbarte Selbstbeteiligung oder die maximale Versicherungssumme gilt. Ebenso wären zum Beispiel deliktunfähige Kinder wirklich nur dann versichert, wenn dies ausdrücklich in deinem Vertrag vereinbart wurde, weil dies eine Leistung ist, die über die gesetzliche Haftpflicht (Paragraf 823 BGB) hinausgeht.

Dies sind in meinen Augen die wichtigsten Bausteine, die du beim Abschluss einer privaten Haftpflichtversicherung beachten solltest. Prüfe wirklich immer genau, welche Leistungen in welcher Höhe mitversichert sind. Ich selbst schaue vor allem bei dieser Versicherung nicht auf jeden Euro, den ich vielleicht noch sparen kann, sondern möchte hier wirklich einen top Schutz für mich haben. Mit einer möglichen Selbstbeteiligung pro Schaden (zum Beispiel 150 Euro) kannst du allerdings den Beitrag noch ein wenig senken.

Berufsunfähigkeitsversicherung

Es gibt wohl kaum eine Versicherung, um welche sich so viele Mythen und falsche Aussagen ranken, wie die Berufsunfähigkeitsversicherung. Genau deshalb musste ich ihr auch ein weiteres, komplett eigenes Kapitel widmen. Dort schauen wir uns dann mal die echten Fakten an und werden einige Vorurteile und Mythen auf den Prüfstand stellen. Jetzt geht es aber erst mal um das Basiswissen zur Berufsunfähigkeitsversicherung. Nämlich wie diese funktioniert und was genau abgesichert ist.

Was ist genau versichert?

Eine Berufsunfähigkeitsversicherung sorgt quasi dafür, dass du weiterhin ein monatliches Einkommen hast, wenn du aufgrund von Krankheit, Unfall oder sogenanntem mehr als körperlichem Kräfteverfall deinen zuletzt ausgeübten Beruf nicht mehr ausüben kannst. Und zwar zu mindestens 50 Prozent für voraussichtlich mindestens sechs Monate. Dann wird die vereinbarte Berufsunfähigkeitsrente in voller Höhe ausgezahlt.

So oder so ähnlich wird es auch in den Versicherungsbedingungen deiner Berufsunfähigkeitsversicherung stehen (falls du schon eine hast). Natürlich gibt es auch hier Unterschiede, vor allem wenn es sich um einen sehr alten Tarif handelt. Noch mal in anderen, ganz einfachen Worten: Es gibt Geld in Form von monatlichen Zahlungen, wenn du nicht mehr in deinem Beruf arbeiten kannst und zum Beispiel eine Krankheit oder ein Unfall der Grund dafür war. Ob du im Sinne der Versicherungsbedingungen berufsunfähig bist, stellen in der Regel ein Arzt und die Leistungsprüfer der Versicherer anhand verschiedener Fragebögen fest. Hier kommt es übrigens nicht nur darauf an, wie lange du noch arbeiten kannst, sondern auch darauf, welche bestimmte Tätigkeiten du nicht mehr ausführen kannst und inwieweit diese einen maßgeblichen Einfluss auf das Ergebnis deiner Arbeit haben. Während ich diese Zeilen schreibe, merke ich, dass ich ein komplettes Buch nur über das Thema Berufsunfähigkeitsversicherung schreiben könnte. Überhaupt kein Problem, damit 200 Seiten zu füllen. So komplex ist diese Versicherung. Und das ist auch der Grund, warum du diese Versicherung niemals allein angehen solltest. Das Risiko ist einfach zu groß, dass du hierbei Fehler begehst, vor allem bei den Gesundheitsfragen, die bei Antragstellung zu beantworten sind, was zur Folge haben kann, dass der Versicherer dann später nicht leisten muss. Und zwar zu Recht. Und ich weiß auch, dass du hier nur schwer den Gedanken beiseiteschieben kannst, dass der Versicherungsmensch, der ich ja bin, das genau so schreiben muss. Andernfalls würde sein Job ja überflüssig werden und er kein Geld verdienen. Dazu dann im Kapitel »Denn du weißt nicht, was du nicht weißt« mehr. Jetzt schauen wir uns erst einmal noch ein paar wichtige Leistungen an, die deine Berufsunfähigkeitsversicherung enthalten sollte.

Welche Punkte sind besonders wichtig?

Natürlich ist diese Versicherung extrem individuell und es kommt – wie der Name schon sagt – auch sehr auf deinen ausgeübten Beruf bei Abschluss an. Aber es gibt ein paar Punkte, die du grundsätzlich immer bei einer »BU« oder »BUV« (umgangssprachlich für Berufsunfähigkeitsversicherung) beachten solltest.

- *Verzicht auf abstrakte Verweisung*
  Diese Klausel klingt so abstrakt, wie sie im wahrsten Sinne des Wortes auch ist. Manchmal habe ich echt das Gefühl, dass mein Job zu 70 Prozent daraus besteht, Versicherungsdeutsch in normales, verständliches Deutsch zu übersetzen ... »Abstrakte Verweisung« bedeutet, dass dich der Versicherer, obwohl du eigentlich im Sinne der Definition berufsunfähig wärst, an einen anderen Beruf verweisen kann, der deiner bisherigen Lebensstellung und Qualifikation entspricht.[11]
  Eine Berufsunfähigkeitsrente muss dann nicht gezahlt werden, weil du eben theoretisch noch einen anderen Beruf ausüben könntest. Auf diese Klausel wurde vor allem in älteren Verträgen nicht verzichtet, sodass einige Menschen eben keine Berufsunfähigkeitsrente bekommen haben, da sie abstrakt verwiesen wurden. Das sind dann übrigens auch meist die Fälle, von denen du hörst, dass die BU-Versicherung nicht geleistet hat. Es stand eben genau so im Vertrag. Dennoch war das natürlich keine coole Nummer der Versicherer, so eine Klausel in den Verträgen zu haben. Heutzutage verzichtet aber zum Glück nahezu jeder gute Versicherer auf die abstrakte Verweisung.

- *Ausreichende Nachversicherungsgarantien*
  Über die sogenannten Nachversicherungsgarantien (anlass-bezogen oder nicht anlassbezogen) kannst du deine Berufsun-fähigkeitsrente ohne erneute Gesundheitsfragen erhöhen. Dies ist vor allem dann von Vorteil, wenn nach Abschluss deiner Berufsunfähigkeitsversicherung einige Erkrankungen hin-zugekommen sind, welche verhindern würden, dass du deine BU-Rente erhöhen kannst. Anlassbezogene Nachversicherungs-garantien wären zum Beispiel, dass du nach einer Heirat, der Geburt eines Kindes, dem Abschluss deines Studiums oder nach einer größeren Gehaltserhöhung deine Berufsunfähigkeitsrente zum Beispiel um 500 Euro monatlich erhöhen kannst. Hier gibt es natürlich Grenzen, um wie viel du monatlich erhöhen kannst und welche maximale Berufsunfähigkeitsrente durch die Nachversicherungsgarantien erreicht werden kann.
  Eine nicht anlassbezogene Nachversicherungsgarantie wäre zum Beispiel, dass es dir der Versicherer ermöglicht, deine BU-Rente nach dem fünften und nach dem zehnten Versicherungs-jahr ohne Gesundheitsfragen nach oben anzupassen.

- *Höhe deiner Berufsunfähigkeitsrente*
  Eine Berufsunfähigkeitsversicherung bringt dir in vielen Fällen absolut gar nichts, wenn die abgesicherte Berufsunfähigkeits-rente nicht an dein Einkommen oder vielmehr deine Ausgaben angepasst ist. Es geht ja immer darum, dass du im Fall der Fälle von der BU-Rente weiterhin ein Leben in Würde führen kannst, und zwar auf dem Level, welches du bis dahin erreicht und dir erarbeitet hast. Das muss ja immer das Ziel sein. Die Ab-sicherung deiner aktuellen finanziellen Existenz. Zig Verträge haben in Deutschland eine Berufsunfähigkeitsrente von unter 1.000 Euro. Und so einen Vertrag kannst du dir in den meis-ten Fällen einfach komplett sparen. Wenn du nämlich so einen Vertrag hast, berufsunfähig wirst und sagen wir mal 750 Euro BU-Rente abgesichert sind und du sonst keine weiteren Ein-kommensquellen hast, dann wird Folgendes passieren: Es wird festgestellt, dass dir diese 750 Euro nicht zum Leben reichen. Du musst Sozialleistungen beantragen und bekommst, weil du

möglicherweise auch voll erwerbsgemindert bist, Grundsicherung. Nehmen wir mal an, dass die Grundsicherung in deinem Fall 900 Euro betragen würde. Dann würde eine BU-Rente von 750 Euro komplett angerechnet werden auf die Grundsicherung und du würdest nur 150 Euro vom Staat bekommen. Aber du hättest ja sowieso 900 Euro bekommen. Somit waren die Beiträge für deine Berufsunfähigkeitsversicherung komplett umsonst. Und genau deshalb ist es so wichtig und sollte auch immer dein Anspruch sein, deinen tatsächlichen Lebensstandard so gut wie möglich abzusichern und auch regelmäßig zu prüfen, ob die versicherte BU-Rente tatsächlich noch ausreichend ist oder angepasst werden sollte – zum Beispiel über die bereits erwähnten Nachversicherungsgarantien.

• *Laufzeit deiner Berufsunfähigkeitsversicherung*
Das aktuelle Renteneintrittsalter liegt in Deutschland (noch) bei 67 Jahren. Und genau dies sollte auch die Benchmark für die Laufzeit deiner Berufsunfähigkeitsversicherung sein. Einfach damit es keine finanzielle Versorgungslücke gibt. Wenn du mit 50 Jahren berufsunfähig wirst, deine Berufsunfähigkeitsversicherung aber nur bis zum 62. Lebensjahr läuft, wie finanzierst du dann die Jahre bis zum Renteneintritt? Das muss dir immer klar sein.

Oft werden beim Abschluss einer Berufsunfähigkeitsversicherung einfach ein paar Jahre »weggelassen«. Warum wird das gemacht? Je länger eine Berufsunfähigkeitsversicherung läuft, desto teurer ist sie. Macht natürlich auch Sinn, denn je älter du bist, desto höher ist das Risiko, dass du berufsunfähig wirst. Was wiederum klarmachen sollte, dass eine Laufzeit bis 67 doch recht sinnvoll ist. Solltest du aus irgendwelchen Gründen bereits vor dem 67. Lebensjahr finanziell frei sein und den Schutz der BU-Versicherung nicht mehr brauchen, dann kannst du diese ja einfach kündigen. Gar kein Problem. Aber du solltest dich nicht im Vorfeld mit einer zu kurzen Laufzeit limitieren. Denn niemand weiß, was genau das Leben bringen wird. Auch wenn du noch so tolle Pläne hast. So viel rationaler Realist sollte man dann doch sein.

- *So früh wie möglich abschließen*
Wenn es eine Versicherung gibt, auf die der Titel dieses Buches perfekt passt, dann ist es die Berufsunfähigkeitsversicherung. Es ist wirklich traurig, wie viele – teilweise noch sehr junge – Menschen wir schon bei uns in der Beratung hatten, welche einfach keine Berufsunfähigkeitsversicherung mehr bekommen. Einfach weil die ein oder andere Vorerkrankung zu viel in der Krankenakte steht oder ein dummer Unfall passiert ist. »Hätte ich das nur mal früher gewusst ...«, das ist dann genau der Satz, der hier sehr oft fällt. Ich wünsche mir sehr, dass du – auch mithilfe dieses Buches – niemals (mehr) diesen Satz beim Thema Versicherungen sagen musst. Je jünger du bist, desto gesünder bist du in der Regel auch und die Chancen, dass du eine BU-Versicherung bekommst, sind relativ hoch. Dies ist einer der Gründe, warum man diese Versicherung schon als Schüler oder Student abschließen sollte, wenn dies finanziell möglich ist. Auch wirst du dann in vielen Fällen vermutlich einen günstigeren Beitrag zahlen, da du zum Beispiel als Student um einiges besser eingestuft wirst als in deinem späteren Beruf, welcher dann eventuell doch risikoreicher ist. Versicherer stufen dich, je nachdem was du bei Abschluss der BU-Versicherung beruflich machst, in bestimmte Risikogruppen ein. Und hier gibt es eben Berufe, die ein kalkulatorisch geringeres Risiko haben als andere. Und auch wenn du vielleicht nicht arbeitest, gibt es die »Berufsgruppe« Student/-in oder Schüler/-in, welche in vielen Fällen wirklich sehr günstig ist. Und dadurch kann es sein, dass du dir über die Laufzeit mehrere Tausend Euro an Beitrag sparst.

- *Gesundheitsfragen wahrheitsgemäß beantworten*
Ich kann gar nicht genug betonen, wie wichtig das ist. Neben schlechten Vertragsbedingungen – welche du aber mit einer ordentlichen Beratung vermeiden kannst – sind die Gesundheitsfragen die Achillesferse deiner BU-Versicherung. Wenn du die Gesundheitsfragen nur fahrlässig beantwortest oder keine wahrheitsgemäßen Angaben machst, dann kann dir später mal

der komplette Vertrag um die Ohren fliegen, wenn du Leistungen aus deiner Berufsunfähigkeitsversicherung beantragst. Der Versicherer wird prüfen, ob du ihn damals bei Vertragsschluss angeflunkert hast. Und wenn das der Fall ist, dann kann der Versicherer komplett leistungsfrei sein. Denn dann hast du eine sogenannte vorvertragliche Anzeigepflichtverletzung begangen.[12]

> »Beantwortest du Fragen im Antrag (z. B. Gesundheitsfragen) nicht wahrheitsgemäß, so begehst du eine vorvertragliche **Anzeigepflichtverletzung** und der Versicherer muss deswegen im Leistungsfall möglicherweise nicht zahlen.«

Und wenn du deine Pflichten verletzt, dann muss der Versicherer seine Pflichten eben auch nicht erfüllen. Beide Seiten müssen sich an die Pflichten aus dem Vertrag halten. Mir ist vollkommen bewusst, dass es unglaublich nervig und aufwendig sein kann, Unterlagen von Ärzten und Krankenkassen zu besorgen, da ja niemand auswendig weiß, wo man die letzten drei, fünf oder zehn Jahre beim Arzt war und was dort genau gemacht wurde. Aber nur so gehst du auf Nummer sicher, dass der Versicherer später nicht sagen kann, dass du bestimmte Behandlungen, Diagnosen etc. nicht angegeben hast, obwohl diese schwarz auf weiß in deinen Akten stehen. Bitte nimm dieses Thema ernst und gib jedem Vermittler/jeder Vermittlerin eine Ohrfeige von mir, wenn er oder sie sagt, dass du einfach mal überall »Nein« ankreuzen sollst. »Das passt schon.« Nix passt! Solche Berater bitte umgehend hochkant aus dem Haus werfen oder den Laptop zumachen, wenn es sich um eine Onlineberatung gehandelt hat. Bei diesem Thema reagiere ich unglaublich empfindlich, weil genau hier das Vertrauen des Kunden in den Vermittler missbraucht wird. Viele Kunden werden dann einfach den Aussagen des Vermittlers Glauben schenken. »Er muss es ja wissen. Wenn er sagt, das passt dann schon so, wenn ich bei den Gesundheitsfragen einfach mal Nein ankreuze, dann machen wir das halt so ...« Auf der anderen Seite bist natürlich auch du als Kunde in so einer Situation in der Verantwortung und es sollte dir doch spanisch vorkommen, wenn ein Berater so was sagt. Ich meine, für was werden die Gesundheitsfragen denn sonst gestellt?

Wie bereits erwähnt könnte ich hier noch unzählige weitere Seiten zur Berufsunfähigkeitsversicherung schreiben. Aber das Buch soll eben kein Versicherungsratgeber sein, sondern dir ein Grundverständnis zu Versicherungen vermitteln. Eine Basis, von welcher aus du dann weitere Entscheidungen für die Absicherung deiner finanziellen Existenz treffen kannst. Und die wichtigsten Punkte und auch die Funktionsweise einer BU-Versicherung kennst du jetzt schon mal. Mehr dann aber wie gesagt später noch im Kapitel »Berufsunfähigkeit – Mythen, Unwahrheiten und wer eine BU abschließen sollte«.

Risikolebensversicherung

Diese Versicherung ist zum Glück relativ einfach zu erklären und sie ist auch in ihrer Funktionsweise recht simpel. Wenn du während der Vertragslaufzeit stirbst, wird die vereinbarte Versicherungssumme an deine Hinterbliebenen ausgezahlt. Hier wird schnell klar, dass diese Versicherung natürlich nur dann Sinn macht, wenn es im Fall deines Todes wirklich Hinterbliebene gibt, die finanziell von dir abhängig sind. Andernfalls brauchst du diese Versicherung eher nicht. Sind aber Kinder vorhanden, die noch nicht auf eigenen Beinen stehen, ein Partner/eine Partnerin oder auch eine Finanzierung für das Haus, dann kann man dieses finanzielle Risiko über eine Risikolebensversicherung absichern.

Was ist genau versichert?

Versichert ist der Todesfall der versicherten Person. Die vereinbarte Versicherungssumme kommt dann zur Auszahlung. Je nach Vertragsart ist diese Versicherungssumme konstant gleich oder sie sinkt mit der Zeit. Letzteres wird oft für die Absicherung von Krediten genutzt, da hier die verbleibende Summe, die du der Bank zum Beispiel für die Finanzierung deines Hauses zurückzahlen musst, ebenfalls mit der Zeit sinkt. Ehepartner sollten sich zudem auch immer gegenseitig absichern. Meist wird nur der Hauptverdiener abgesichert, da er oder sie den größten Teil des Einkommens besorgt und ein Ausfall hier finanziell am stärksten zum Tragen kommen würde. Vergessen wird hierbei aber meist, dass, wenn die andere Person – die vielleicht zu Hause auf die Kinder aufpasst – aus dem Leben scheidet, es nicht einfach so ist, dass der Hauptverdiener einfach zu Hause bleiben kann und die Kinder betreut. Sondern dann muss eventuell eine Betreuung für die Kinder bezahlt werden und so weiter. Darüber sollte man unbedingt nachdenken.

Welche Punkte sind besonders wichtig?

Auch bei der Risikolebensversicherung gibt es ein paar Punkte, die du grundsätzlich kennen und beachten solltest.

- *Laufzeit*
  Wähle eine sinnvolle Laufzeit für deine Risikolebensversicherung. Anders als bei der Berufsunfähigkeitsversicherung macht es wohl selten Sinn, hier eine Laufzeit bis zum Renteneintrittsalter zu wählen. Das macht diese Versicherung unglaublich teuer. Denn es steht ja fest, dass der Versicherungsfall – der Tod der versicherten Person – definitiv irgendwann eintreten wird. Vielmehr solltest du schauen, wie lange tatsächlich zum Beispiel deine Kinder finanziell auf dich angewiesen sein werden. Solltest du also heute ein Kind bekommen, dann wäre eine Laufzeit der Risikolebensversicherung von circa 25 Jahren wahrscheinlich ein guter Wert. Bis dahin steht dein Kind vermutlich finanziell auf eigenen Beinen und kann für sich selbst sorgen. Bist du heute 30 Jahre alt, dann würde die Risikolebensversicherung in diesem Beispiel bis zu deinem 55. Lebensjahr laufen.

- *»Terminal Illness«-Baustein*
  Ich persönlich finde diesen Baustein wirklich sehr spannend. Übersetzt bedeutet dies, dass du die Versicherungssumme auch dann ausbezahlt bekommst, wenn dir ein Arzt eine Krankheit

diagnostiziert, welche in zum Beispiel sechs oder zwölf Monaten zum Tod führen wird. Warum finde ich dies so interessant? Du könntest dann das Geld hernehmen und – in Rücksprache mit deinen Angehörigen, welche ja eventuell von diesem Geld finanziell abhängig sind – zum Beispiel in die USA oder ein anderes Land reisen und dich dort behandeln lassen. Wir haben in Deutschland zwar ein extrem gutes Gesundheitssystem, aber in anderen Ländern gibt es durchaus Behandlungsmethoden oder Medikamente, die bei uns (noch) nicht zugelassen sind. Solche Verfahren dauern teilweise recht lange. Oder die Krankenversicherung in Deutschland bezahlt eine entsprechende Behandlung nicht, weil diese noch nicht in den Leistungskatalog der Krankenkassen aufgenommen wurde, die Erfolgschancen wären aber vielversprechend. In anderen Worten: Die Versicherung, die eigentlich erst leistet, wenn du stirbst, könnte dir das Leben retten.

Und weil die Frage interessanterweise in der Vergangenheit oft kam: Nein, du musst das Geld nicht zurückzahlen, wenn du nicht – wie vom Arzt prognostiziert – nach zwölf Monaten stirbst.

• *»Über-Kreuz-Absicherung« für Partner*
An dieser Stelle möchte ich dir noch einen kleinen Steuertrick verraten. Je nach Höhe des Erbes des Verstorbenen kann auch auf die Auszahlung der Risikolebensversicherung Erbschaftssteuer fällig werden, sofern die Freibeträge dafür überstiegen wurden. Umgehen kann man dies, wenn sich die Partner »über Kreuz« absichern. Das heißt, du bist in deinem Vertrag zwar Versicherungsnehmer, aber dein/-e Partner/-in ist die versicherte Person und umgekehrt. So wandert die Auszahlung quasi an der Erbschaftssteuer vorbei. Du solltest aber darauf achten, dass die Beiträge für die Versicherung nicht unbedingt von einem Gemeinschaftskonto geleistet werden, sondern von jeweils separaten Konten. Das könnte sonst Probleme geben.

»Über das sogenannte **Über-Kreuz-Versichern** können sich Ehepartner gegenseitig mit einer Risikolebensversicherung absichern, umgehen aber im Fall der Fälle dann eine mögliche Erbschaftssteuer auf die Versicherungssumme.«

- *Höhe der Versicherungssumme*
  Setze die Höhe der versicherten Summe unbedingt realistisch an. Viel zu oft werden einfach mal 100.000 Euro abgesichert im Glauben, dass das reicht. 100.000 Euro sind in den meisten Fällen einfach zu wenig. Viel zu wenig! Was nach einer hohen Zahl klingt, wird in der Realität unglaublich schnell aufgebraucht sein. Rechne dir also unbedingt durch, wie viel Geld bei deinem Ableben wirklich gebraucht werden würde. Auch hier empfiehlt sich das Heranziehen eines Experten. Und vergiss bitte nicht, dies für beide Partner zu machen.

- *Gesundheitsfragen wahrheitsgemäß beantworten*
  Auch bei dieser Versicherung und allgemein bei jeder Versicherung mit Gesundheitsfragen gilt, dass du diese wahrheitsgemäß beantworten solltest. Alles andere wäre fahrlässig und würde eine spätere Leistung aus der Versicherung gefährden.

Auch wenn die Risikolebensversicherung vom Prinzip her relativ unkompliziert ist, solltest du auch hier einen Abschluss nicht überstürzen, sondern wirklich genau prüfen, ob und vor allem auch in welcher Höhe diese Versicherung für dich und deine Familie Sinn macht.

Auslandsreisekrankenversicherung

Wenn du im Urlaub krank wirst und zum Arzt musst, dann macht es durchaus Sinn, dass du die Behandlungskosten, die hier entstehen, nicht selbst tragen musst. Innerhalb der EU leistet in der Regel deine gesetzliche Krankenversicherung. Für Reisen außerhalb der EU ist eine Auslandsreisekrankenversicherung definitiv zu empfehlen. Diese kostet dich meist auch nur zwischen 10 und 15 Euro im Jahr. Also wieder so ein »No-Brainer«.

Was ist genau versichert?

Grundsätzlich kann man sagen, dass medizinisch notwendige Behandlungen von deiner Auslandsreisekrankenversicherung übernommen werden. Das heißt, wenn du akut im Urlaub krank wirst und zu einem Arzt oder ins Krankenhaus musst, werden diese Kosten erstattet. Dies gilt für ambulante Behandlungen genauso wie für stationäre Behandlungen oder Behandlungen beim Zahnarzt. Auch ein medizinisch notwendiger Rücktransport nach Deutschland kann hier versichert werden. Natürlich kannst du nicht einfach ins Ausland gehen und dich dort geplant behandeln lassen. Diese Kosten würde die Versicherung dann nicht übernehmen. Ich selbst musste meine Auslandsreisekrankenversicherung nach dem Tauchen in Mexiko nutzen. Dabei hatte ich mir eine Mittelohrentzündung eingefangen und war dann in den USA beim Arzt. Die Kosten für Behandlung und Medikamente haben insgesamt circa 250 Dollar betragen. Meine Auslandsreisekrankenversicherung hat alles zu 100 Prozent übernommen. Nicht schlecht bei nur circa 12 Euro Jahresbeitrag.

Welche Punkte sind besonders wichtig?

- *Versicherungsdauer*
  Du solltest immer im Vorfeld prüfen, für wie lange die Auslandsversicherung dir auch einen Schutz auf Reisen beziehungsweise im Urlaub bietet. Dies ist je nach Anbieter unterschiedlich. Bei manchen können es 30 zusammenhängende Tage sein, bei anderen sogar über 60 Tage.

Auslandsreisekrankenversicherungen sind sehr gut vergleichbar und oftmals hast du diese bei bestimmten Kreditkarten schon automatisch mit dabei und brauchst keine separate Versicherung abzuschließen.

»Gehe immer so rational und emotionslos wie möglich an Versicherungen heran. Nur so kannst du prüfen, welche Versicherungen du wirklich brauchst und welche nicht.«

Lass dich bitte auch nie über Angst manipulieren und dadurch in den Abschluss einer Versicherung drängen. Eine nüchterne, rationale und emotionslose Herangehensweise an Versicherungen ist hier meiner Meinung nach die beste Strategie.

WEITERE VERSICHERUNGEN, DIE DU KENNEN SOLLTEST

W ie du dir natürlich denken kannst, gibt es noch zig weitere Versicherungen. Manche werden für dich Sinn machen, manche nicht. Nachfolgend habe ich dir noch mal eine Auswahl an Versicherungen zusammengestellt, von denen du zumindest mal gehört haben und deren grobe Funktionsweise du verstanden haben solltest.

Je nach Situation können diese Versicherungen für dich ebenfalls sinnvoll sein. Aber es sind eben keine pauschalen Empfehlungen. Das funktioniert bei Versicherungen nicht wirklich.

Ich gehe auch hier nicht auf jedes letzte Detail ein. Und wenn du selbst vielleicht sogar Versicherungsexperte bist und dieses Buch liest, wirst du mit Sicherheit an einigen Stellen denken, dass ich noch dieses und jenes hätte ergänzen können. Ja, definitiv. Aber das Buch ist eben kein Versicherungsratgeber im klassischen Sinne und auch kein 1.000-Seiten-Versicherungslexikon, sondern es ist ein Wegweiser, ein erster Impulsgeber beim Thema Versicherungen, um sich danach anhand dieser Informationen auf seine eigene Versicherungsreise zu begeben. Und da ist jede Reise anders, sodass kein Buch der Welt alle möglichen »Versicherungsreiseziele« erfassen könnte. Ich weiß, ich wiederhole mich, aber mir ist wichtig, dass du eben dies immer im Hinterkopf behältst beim Lesen.

Hausratversicherung

Bei einer Hausratversicherung ist dein persönlicher Hausrat versichert. Was ist Hausrat? Vereinfacht ist Hausrat all das, was aus deiner Wohnung beziehungsweise deinem Haus fallen würde, wenn du das Dach abnehmen und das Haus auf den Kopf stellen würdest. So kannst du dir das gut merken. Alles, was nicht herausfällt und sozusagen fest verbaut ist, gehört in der Regel nicht dazu. Wird nun dein Hausrat beschädigt oder zerstört, dann würde deine Hausratversicherung einspringen. Voraussetzung dafür ist allerdings, dass ein versicherter Schaden vorlag. Und hier gibt es oft Missverständnisse. Wenn du selbst zum Beispiel deinen Fernseher kaputt machst, weil du ihn umgestoßen hast, dann ist das zwar Hausrat, der kaputtgegangen ist, allerdings eben nicht durch eine sogenannte versicherte Gefahr.

Folgende Schäden sind unter anderem in einer Hausratversicherung abgedeckt:

- Brand,
- Blitzschlag,
- Leitungswasser,
- Sturm oder Hagel,
- Einbruchdiebstahl.

Liegt solch ein Schaden vor, dann kannst du eine Leistung aus deiner Hausratversicherung erwarten. Diese leistet übrigens immer zum Neuwert. Das heißt, dass der Wert bezahlt wird, den die beschädigte Sache jetzt gerade neu kosten würde. Weiterhin solltest du auch darauf achten, dass der Versicherer auf grobe Fahrlässigkeit verzichtet. Das heißt, dass er auch dann leistet, wenn du eigentlich was ziemlich Dummes gemacht hast, bei dem man eigentlich hätte wissen müssen, dass ein Schaden entstehen kann. Klassische Beispiele sind das Fenster, das du gekippt gelassen hast, obwohl du die Wohnung für mehrere Stunden verlassen hast, und über das dann jemand eingebrochen ist, oder eine Kerze, die du vergessen hast zu löschen, wodurch ein Brand entstanden ist.

Ich persönlich habe eine Hausratversicherung abgeschlossen, da es in unserer Wohnung doch einige teure Geräte gibt, bei denen es finanziell echt wehtun würde, sie wiederbeschaffen zu müssen. Auch darfst du den Wert des Inhalts deines Kleiderschranks nicht unterschätzen. Unterm Strich eine Versicherung, die für mich in einem sehr guten Preis-Leistungs-Verhältnis steht. Empfehlenswert ist hier eine Absicherung auf Basis der vorhandenen Quadratmeter. So vermeidest du eine sogenannte Unterversicherung. Das kann passieren, wenn du nur pauschal eine bestimmte Summe absicherst (zum Beispiel 20.000 Euro), dein Hausrat mit der Zeit aber um einiges mehr wert ist. Die Versicherung würde aber dann nur maximal 20.000 Euro zahlen.

Und als letzter Punkt ist die Außenversicherung in der Hausratversicherung noch ganz praktisch, über welche dein Hausrat auch versichert ist, wenn er sich vorübergehend nicht am versicherten Ort (also deinem Haus beziehungsweise deiner Wohnung) befindet. Zum Beispiel im Hotelzimmer oder der Airbnb-Unterkunft im Urlaub.

Wohngebäudeversicherung/ Elementarschadenversicherung

Spätestens nach den katastrophalen Unwetterschäden in Deutschland im Jahr 2021 mit Starkregen und Überschwemmungen hat wohl fast jeder mitbekommen, dass eine Wohngebäudeversicherung und auch eine Elementarschadenversicherung für Hausbesitzer wirklich wichtig sein können. Leider war dies auch ein Beispiel dafür, dass Menschen dachten, dass ein Schaden über eine vorhandene Versicherung abgesichert ist, dies aber nicht der Fall war. Viele Menschen hatten eben nur eine Wohngebäudeversicherung abgeschlossen, aber nicht den Baustein Elementarschäden mitversichert. Dies hat dann zu extrem viel Frust und zu teilweise extrem großen finanziellen Problemen bei den Betroffenen geführt.

Denn Überschwemmungen (beziehungsweise Starkregen, welcher Überschwemmungen zur Folge hat) oder auch ein Erdrutsch sind nur über eine Elementarschadenversicherung abgedeckt, da sie zu den Naturgefahren zählen.

Die Gründe, warum in vielen Fällen eine entsprechende Elementarschadenversicherung nicht vorhanden war, sind vielfältig. Möglicherweise haben viele darüber nachgedacht, diese aber nicht abgeschlossen, weil sie sich selbst nicht in einem entsprechenden Risikogebiet gesehen haben. Oder weil der Preis dafür einfach zu hoch war. Oder aber, weil man einfach nicht wusste, dass es diese Versicherung gibt, und man der Auffassung war, dass die Wohngebäudeversicherung dafür ausreicht.

Ob du selbst in einem Risikogebiet wohnst, kannst du übrigens über den Naturgefahren-Check (*ZÜRS Geo* – https://www.dieversicherer.de/versicherer/haus---garten/naturgefahren-check) mit deiner Postleitzahl prüfen. Dort wird dann auch das Risiko für zum Beispiel Hochwasser angezeigt.

Eine hundertprozentige Sicherheit gibt es natürlich auch hier nicht. Naturgefahren sind sehr oft komplett unberechenbar und können auch in Regionen auftreten, die zuvor als nicht gefährdet gelistet wurden.

Das Eigenheim ist für viele Menschen die größte finanzielle Anschaffung in ihrem Leben. Ich selbst habe zwar noch kein Eigenheim, aber sollte ich eines besitzen, dann werde ich es auch gegen Naturgefahren absichern – egal wie wenig gefährdet die Region ist, in welcher das Haus steht.

Denn im Verhältnis zum Wert des Hauses dürfte der Beitrag bei der Versicherung doch wieder ganz vernünftig aussehen. Auch wenn es im ersten Moment nach einer teuren Absicherung aussehen kann – vor allem dann, wenn du in einem Risikogebiet wohnst. Was aber natürlich direkt zeigt, dass du diese Versicherung dann besser haben solltest.

Auch hier gilt wieder: Prüfe wirklich rational, wie wichtig dir eine entsprechende Absicherung für dein Haus ist. Vor allem, wenn dieses noch nicht komplett abbezahlt ist, kann das durchaus ein enorm großes finanzielles Risiko für dich sein.

Werfen wir jetzt aber noch schnell einen Blick auf die grundsätzlichen Leistungen der Wohngebäudeversicherung. Anders als bei der Hausratversicherung geht es jetzt um Schäden am Gebäude selbst. Zum Beispiel an oder in den Wänden. Entsprechend ist diese Versicherung auch nur für Besitzer von Immobilien relevant, nicht aber für Mieter. Bei Mietwohnungen ist die Absicherung über eine Wohngebäudeversicherung immer Sache des Vermieters oder der Wohnungseigentümergesellschaft.

Dort sind in der Regel folgende Schäden versichert:

- Leitungswasserschäden,
- Blitzschlag,
- Brand,

- Explosion,
- Sturm oder Hagel.

Zusätzlich können noch Schäden durch zum Beispiel Vandalismus oder auch Schäden an der Photovoltaikanlage auf dem Dach versichert werden. Achte zudem darauf, dass du bei Abschluss der Wohngebäudeversicherung den sogenannten gleitenden Neuwert vereinbarst. Damit stellst du sicher, dass die Versicherungssumme immer so hoch ist, dass alle entstandenen Kosten auch versichert sind und keine Unterversicherung entsteht.

Rechtsschutzversicherung

Wenn ich an dieser Stelle mal die Behauptung aufstelle, dass wir Deutschen durchaus ein Volk sind, das gerne recht hat, dann dürfte ich mich wohl nicht zu weit aus dem Fenster lehnen. Und wenn du dann an jemanden gerätst, der sich selbst und nicht dich im Recht sieht, dann kommt es nicht selten zu einem Rechtsstreit. Klassische Beispiele sind Nachbarschaftsstreitigkeiten, weil der Apfelbaum über den Zaun gewachsen ist oder es auf der Straße mit den Autos gekracht hat und jeder der Beteiligten der Meinung ist, dass die andere Partei schuld war. Wenn sich solche Fälle nicht direkt lösen lassen, dann bleibt oft nur der Weg zum Gericht, damit ein Dritter aufgrund von Faktenlage, Zeugenaussagen und Co. bewerten und entscheiden kann, wer denn nun wirklich die Schuld trägt. Und die Kosten, die so ein Prozess verursacht, können durchaus recht schnell mehrere Tausend Euro betragen.

Hast du eine private Rechtsschutzversicherung, so übernimmt diese die anfallenden Kosten für dich. Meist abzüglich einer vorhandenen Selbstbeteiligung.

Typische Kosten, die eine Rechtsschutzversicherung übernimmt, wären:

- freie Wahl deines Anwalts,
- Kosten des Anwalts,

- Gerichtskosten,
- Kosten für Zeugen, zugezogene Sachverständige und Gutachter,
- Kosten für Schieds- oder Schlichtungsverfahren,
- Strafverfolgungskaution im Ausland,
- Mediation (außergerichtliche Einigung),
- Auslagen der Gegenseite, wenn du den Fall verlierst.

Dabei ist es aber auch sehr wichtig, zu wissen, dass Rechtsschutzversicherung nicht gleich Rechtsschutzversicherung ist. Es gibt tatsächlich verschiedene Lebensbereiche abzusichern:

- private Rechtsschutzversicherung (private Rechtsstreitigkeiten),
- Verkehrsrechtsschutzversicherung (für Streitigkeiten im Straßenverkehr),
- Mietrechtsschutzversicherung (für Streitigkeiten mit dem Vermieter, oder für dich als Hauseigentümer),
- Berufsrechtsschutz (für Streitigkeiten mit dem Arbeitgeber).

Weiterhin gibt es auch noch zusätzliche Bausteine, die vereinbart werden können, wie zum Beispiel Erbrechtsschutz, Familienrechtsschutz oder Unterhaltsrechtsschutz.

Gängig sind Kombinationen aus den verschiedenen Rechtsschutzbereichen, je nachdem, was individuell relevant und wichtig ist.

Die Rechtsschutzversicherung ist tatsächlich die Versicherung, bezüglich derer ich die meisten Fragen bekomme, ob man sie noch schnell abschließen kann, wenn bereits ein Rechtsstreit im Gange ist. Und dies ist so einfach nicht möglich. Zum einen gibt es auch hier – wie bei vielen anderen Versicherungen – bestimmte Wartezeiten, die erfüllt sein müssen, bevor du die Versicherung in Anspruch nehmen kannst. Zum anderen versichert dir auch niemand ein bereits brennendes Haus. Um solche Fragen zu beantworten, hilft es sehr oft, sich mal ganz kurz in die Lage des Versicherers zu versetzen. Würdest du an seiner Stelle eine Versicherung anbieten, wenn du bereits genau wüsstest, dass definitiv ein Schaden entstehen wird?

Zwar gibt es die ein oder andere Rechtsschutzversicherung, die laut Anbieter auch rückwirkend zahlt (zum Beispiel im Verkehrsrechtsschutz), also wenn der Schaden quasi schon entstanden ist, aber hier sollte man sich dann genau durchlesen, was und in welcher Höhe genau erstattet wird.

Wenn du dir eine Rechtsschutzversicherung zulegen möchtest, dann achte wirklich ganz genau darauf, welche Leistungsbausteine dir wichtig sind und ob diese dann am Ende auch versichert sind. Da die meisten von uns keine Anwälte sind, verliert man sich doch recht schnell im Rechtsschutz-Dschungel.

Private Unfallversicherung

Die gesetzliche Unfallversicherung über den Arbeitgeber leistet nur in der Arbeit oder auf dem direkten Weg dorthin und von dort zurück nach Hause.[13]

Passiert dir in deiner Freizeit ein Unfall, dann ist dieser nicht über die gesetzliche Unfallversicherung abgesichert. Und, du ahnst es schon: Der Großteil aller Unfälle passiert eben nicht in der Arbeit, sondern in der Freizeit. Circa 2,8 Millionen Bundesbürger erleiden im Jahr einen Unfall im Haushalt, so das Robert Koch-Institut.[14]

Sportunfälle und Unfälle allgemein in der Freizeit sind da noch gar nicht eingerechnet.

Und genau hier würde dann eine private Unfallversicherung leisten. Neben vielen zusätzlichen Leistungen ist die Hauptleistung das Zahlen einer Invaliditätssumme, je nach Grad der Invalidität nach einem Unfall. Ich versuche dies mal an einem Beispiel zu verdeutlichen. Mal angenommen, du hast eine private Unfallversicherung mit einer Grundsumme (Versicherungssumme) von 100.000 Euro abgeschlossen und hast nach einem Unfall eine festgestellte Invalidität von 50 Prozent, dann würdest du 50.000 Euro aus deiner privaten Unfallversicherung als Einmalzahlung erhalten. Hast du noch eine sogenannte Progression (Faktor, um welchen sich die Auszahlung erhöht) vereinbart, dann würdest du noch mal mehr Leistung bekommen. Dies macht dahingehend Sinn, dass du bei zum Beispiel einer 100-prozentigen Invalidität und einer vereinbarten Progression von 225 Prozent in unserem Beispiel dann nicht 100.000 Euro erhalten würdest, sondern 225.000 Euro. Je schwerer also der Unfall beziehungsweise der Invaliditätsgrad danach, desto mehr Geld bekommst du zusätzlich durch die vereinbarte Progression.

Weitere Leistungen, die du bei einer privaten Unfallversicherung vereinbaren könntest, sind:[15]

- Unfallrente,
- Todesfallleistung,
- Krankenhaustagegeld,
- Übergangsleistung,
- kosmetische Operationen,
- Bergungskosten.

Inwieweit die einzelnen Leistungen dann für dich Sinn machen oder nicht, ist wieder individuell zu bewerten. In einem späteren Kapitel erkläre ich dir dann auch noch, ob eine private Unfallversicherung eine Berufsunfähigkeitsversicherung ersetzen kann und umgekehrt. Eine Frage, die wirklich unglaublich oft vorkommt.

Krankentagegeldversicherung

Wenn du als Arbeitnehmer gesetzlich krankenversichert bist, dann hast du im längeren Krankheitsfall zuerst Anspruch auf eine Lohnfortzahlung durch deinen Arbeitgeber. Dies sind meist sechs Wochen (42 Tage). Anschließend springt deine gesetzliche Krankenversicherung ein und zahlt dir dann das sogenannte Krankengeld. Dieses kannst du insgesamt für maximal 72 Wochen bekommen. Die Höhe des Krankengeldes richtet sich nach deinem Einkommen. Du bekommst 70 Prozent von deinem Bruttoeinkommen gezahlt, maximal jedoch 90 Prozent von deinem Nettoeinkommen. Allerdings gibt es hier auch einen Höchstbetrag (2021: 112,88 Euro/Tag).[16]

Und hier wird dann auch schon deutlich, wer eine Krankentagegeldversicherung brauchen könnte. Zum einen Menschen, die gut verdienen und bei denen das reine Krankengeld bei längerer Krankheit einfach nicht ausreichen würde, um die Lebenshaltungskosten zu decken. Zum anderen auch die Personen, die erst gar keinen Anspruch auf das gesetzliche Krankengeld haben, zum Beispiel Personen, die privat krankenversichert sind.

Beim Krankentagegeld wird immer ein bestimmter Tagessatz ab einem bestimmten Tag versichert. Also zum Beispiel 150 Euro ab dem 43. Krankheitstag, da man ja bis zum 42. Krankheitstag 100 Prozent Lohnfortzahlung durch den Arbeitgeber hätte.

Übrigens: Wenn du freiwillig gesetzlich krankenversichert bist, zum Beispiel als Selbstständiger, dann musst du einen Anspruch auf Krankengeld in der Regel separat vereinbaren.

Mir fällt es an dieser Stelle echt schwer, nicht einfach weiterzuschreiben und noch weitere Versicherungen aufzulisten, welche situationsbedingt sinnvoll sein könnten. Von diversen Krankenzusatzversicherungen bis zu einer zusätzlichen privaten Pflegeversicherung. Vor allem Letztere wird immer wichtiger werden, da wir immer älter werden, und je älter wir werden, desto höher die Wahrscheinlichkeit, dass man selbst mal zum Pflegefall wird. Und die Leistungen der gesetzlichen Pflegeversicherung reichen jetzt schon vorne und hinten nicht und die Pflegekosten steigen weiter und weiter. Und auch wenn hier nun viele Kollegen und Kolleginnen möglicherweise widersprechen wollen, möchte ich einen Kommentar unter einem meiner YouTube-Videos zitieren:

»Gegen was soll ich mich denn noch alles versichern?! Am Ende habe ich mein ganzes Geld für Versicherungen ausgegeben und habe nichts mehr, um im Hier und Jetzt zu leben!«

In meinen Augen steckt in diesem Kommentar sehr viel Wahres. Du kannst dich in der Tat gegen alles Mögliche versichern. Und es ist ein Leichtes, für Versicherungen jede Menge Geld auszugeben. Egal wie du es machst, im Leben gibt es keine 100-prozentige Sicherheit. Egal wie viele Versicherungen du hast. Das Leben ist unplanbar, teilweise verrückt, teilweise tragisch und hoffentlich zum großen Teil einfach nur schön. Über Versicherungen hast du die Möglichkeit, ein paar der für dich persönlich wirklich essenziellen Gefahren und Risiken zu eliminieren beziehungsweise zu minimieren. Aber es wird eben immer ein gewisses Restrisiko bleiben. Und das muss dir einfach bewusst sein.

WELCHE VERSICHERUNGEN
SIND EHER SINNLOS?

Natürlich drängt sich nach den sinnvollen und empfehlenswerten Versicherungen auch die Frage nach den wirklich sinnlosen Versicherungen auf.

Wenn du »sinnlose Versicherungen« googelst, dann findest du zig Blogs und Websites, die verschiedenste Versicherungen auflisten und diese als mehr oder weniger sinnlos bezeichnen. Auch von mir selbst findest du ein Video auf YouTube über sinnlose Versicherungen. Und vermutlich treffen diese doch sehr pauschalen Aussagen über sinnlose Versicherungen auch auf die meisten Menschen zu. Aber eben nicht auf alle. Und es kann doch durchaus sein, dass du in einer Situation bist, in der du die ein oder andere der nachfolgenden »sinnlosen« Versicherungen abschließen möchtest und diese für dich persönlich eben nicht sinnlos, sondern sehr wichtig ist.

Deswegen ist die folgende Aufzählung auch mit Vorsicht zu genießen und darf nicht als generelle »Versicherungs-Abschussliste« betrachtet werden. Dennoch: Grundsätzlich sind die nachfolgenden Versicherungen für die meisten Menschen wohl eher sinnfrei und sollten nicht abgeschlossen werden. Zumeist einfach aus dem Grund, dass kein wirklich großes finanzielles Risiko abgesichert wird. Und dies sollte ja immer der Ausgangspunkt beim Abschluss einer Versicherung sein.

Brillenversicherung

Diese Versicherung würde dir eine neue Brille bezahlen, wenn deine Brille zum Beispiel verloren oder kaputtgeht. Oder aber du hast jedes Jahr oder alle zwei Jahre Anspruch auf eine neue Brille, für die es dann einen Zuschuss aus der Versicherung gibt. Hier kann es durchaus sinnvolle Krankenzusatzversicherungen geben, die auch noch andere Leistungen beinhalten, sodass sich eine Versicherung dieser Art bei vollumfänglicher Nutzung tatsächlich lohnen kann. Aber ein großes finanzielles Risiko wird hier eben nicht wirklich abgesichert.

Handyversicherung/Smartphone-Versicherung

Der wohl strittigste Klassiker unter den sinnlosen Versicherungen. Ich persönlich würde niemals eine Handyversicherung abschließen, da der Verlust meines Smartphones einfach kein existenzielles Risiko für mich darstellt. Das mag bei einem 18-jährigen Azubi, der sich das Geld für das neue iPhone eisern zusammengespart hat, ganz anders aussehen. Zwar würde ich hier auch nicht von der Bedrohung der finanziellen Existenz sprechen, aber es wäre doch mehr als ärgerlich, wenn das neue teure Smartphone durch eine Unachtsamkeit plötzlich im Eimer ist. Da wird für den ein oder anderen eine Handyversicherung für 9,99 Euro im Monat doch sehr attraktiv klingen. Da sind wir wieder bei dem Thema, dass das finanzielle Risiko zwar theoretisch tragbar wäre, man es aber vielleicht einfach nicht selbst tragen will. Wenn du wirklich eine Smartphone-Versicherung abschließen willst, dann vergleiche unbedingt die Leistungen. Sehr oft gibt es fiese Ausschlüsse, die auf den ersten Blick nicht erkennbar sind. Dazu empfehle ich dir auch, eine solche Versicherung nicht direkt mit dem Kauf des Smartphones abzuschließen, sondern wenn, dann in Ruhe zu Hause, wenn du auch die Zeit hast, entsprechende Versicherungstarife online genau zu vergleichen.

Kfz-Insassenversicherung/Insassenunfallversicherung

Was zum Geier soll das denn nun sein? Diese Versicherung würde quasi die Personen in deinem Auto absichern, wenn du einen Unfall verursachen würdest. Warst du schuld am Unfall, dann würde hier aber sowieso deine eigene Kfz-Haftpflichtversicherung – oder die des Unfallgegners, falls dieser schuld war – leisten. Schäden an den Personen in deinem Auto wären also darüber abgedeckt. Außer Schäden an dir selbst, sofern du schuld warst. Und hier macht dann aber definitiv eine private Unfallversicherung (die einfach generell bei Unfällen leistet, bei denen zum Beispiel eine Invalidität zurückbleibt, und nicht nur bei Autounfällen) mehr Sinn als eine zusätzliche Insassenunfallversicherung.

Festverzinsliche Kapitallebens-/Rentenversicherung

Bei einem Höchstrechnungszins (dem Zins, mit dem Versicherer maximal zum Beispiel auch bei Rentenversicherungen kalkulieren dürfen) von 0,25 Prozent seit 01.01.2022 brauchen wir hier nicht großartig diskutieren, ob man heutzutage noch rein festverzinsliche Rentenversicherungsprodukte abschließen sollte. Wenn die garantierte Verzinsung (orientiert sich am Höchstrechnungszins) bereits weit unter der durchschnittlichen Inflation liegt, dann solltest du davon absolut die Finger lassen. Besser: Rentenversicherungen auf Fondsbasis, damit du von den Renditen an den Aktienmärkten mitprofitieren kannst. Mehr dazu im Kapitel über Altersvorsorge.

Kreditausfallversicherung/Restschuldversicherung

Diese Versicherung soll dich davor schützen, dass du die Raten eines Kredits nicht mehr zahlen kannst. Allerdings ist diese Versicherung richtig teuer und macht vor allem bei kleineren Krediten überhaupt keinen Sinn. Und bei größeren Summen ist wahrscheinlich sowieso eine Risikolebensversicherung zur Absicherung des Kredits (bei Todesfall) oder eine Berufsunfähigkeitsversicherung (bei Verlust der Arbeitskraft) sinnvoller.

Reisegepäckversicherung

Ich reise wirklich viel, sowohl in Deutschland und Europa als auch oft in die USA. Aber eine Reisegepäckversicherung habe ich noch nie abgeschlossen und habe dies auch nicht vor. Zum einen habe ich in meinem Gepäck, welches ich aufgebe, selten wirklich wertvolle Sachen – die habe ich immer im Handgepäck bei mir. Und zum anderen habe ich auch in vielen Fällen Schutz über die Außenversicherung in meiner Hausratversicherung, wenn zum Beispiel in das Hotelzimmer eingebrochen wird und mir dort meine Sachen gestohlen werden. Weiterhin gibt es bei dieser Versicherung meist auch zig Ausschlüsse, wann nicht geleistet wird. Unterm Strich für mich eine weitere absolut sinnlose Versicherung. Solltest du andauernd mit Gepäck reisen, das mehrere Tausend Euro wert ist, dann kann dies vielleicht bei dir selbst wieder etwas anders aussehen. Meine Kreditkarte hat übrigens auch diverse Reiseversicherungen oder auch eine Mietwagenversicherung mit dabei. Wenn du eine Kreditkarte hast, kannst du ja auch mal prüfen, ob hier bereits verschiedene Versicherungsleistungen eingeschlossen sind.

Auch diese Aufzählung könnte ich noch um ein paar weitere Versicherungen ergänzen, die zumindest kontrovers diskutiert werden. So zum Beispiel die Sterbegeldversicherung (oft sehr teuer – selbst Geld ansparen kann hier durchaus sinnvoller sein) oder auch eine separate Glasbruchversicherung, wenn es bei dir zu Hause nicht wirklich viel Mobiliarverglasung gibt, welche kaputtgehen könnte. Oft sind solche Schäden auch schon durch deine Hausratversicherung oder Wohngebäudeversicherung abgedeckt.

Mir war wichtig, dass du einfach mal einen allgemeinen Überblick über – wahrscheinlich auch für dich – relativ sinnlose Versicherungen bekommst.

Die finale Entscheidung für oder gegen eine Versicherung liegt natürlich auch hier letztendlich bei dir selbst und deiner individuellen Situation.

BERUFSUNFÄHIGKEIT – MYTHEN, UNWAHRHEITEN UND WER EINE BU ABSCHLIESSEN SOLLTE

Wie bereits angekündigt, bekommt das Thema Berufsunfähigkeit ein eigenes Kapitel. Und das ist auch bitter nötig. Wenn ich auf Instagram meinen Fragen-Samstag mache, an dem ich Versicherungsfragen aus meiner Community beantworte, dann beziehen sich immer 40 bis 50 Prozent der Fragen auf das Thema Berufsunfähigkeit. Warum ist das so? Das liegt zum einen daran, dass diese Versicherung für viele Menschen eine extrem wichtige Absicherung darstellt, und zum anderen an den ganzen Unwahrheiten und der Panik, die am laufenden Band über Zeitungen, TV-Berichte oder wenig fundierte Finanzblogs verbreitet werden.

Hier ist immer sehr viel Meinung am Start und ganz wenig Ahnung. Ich merke, wie schon allein beim Schreiben dieser Worte mein Puls wieder leicht steigt. Du kennst das Gefühl vielleicht auch, wenn du bei einem Thema – etwa deiner beruflichen Tätigkeit oder einem Hobby – wirklich verdammt viel Ahnung hast. Du weißt einfach, was stimmt und was nicht stimmt. Und dann liest oder hörst du irgendwo etwas über dein Thema und es ist einfach komplett falsch oder wird nur aus einem Blickwinkel beleuchtet, sodass bewusst ein negatives Bild beim Leser oder Zuschauer entsteht. So was ist wirklich zum Haareraufen.

Und oft passiert dies nur aus einem Grund: weil es sich gut verkauft. Weil es viele Klicks gibt. So traurig das auch ist. Aber ich denke, ich verrate dir kein Geheimnis, wenn ich dir sage, dass es mittlerweile leider sehr oft nicht mehr unbedingt um eine objektive Aufklärung zu einem bestimmten Thema geht, sondern nur noch darum, wer der Erste ist oder wie man eine größtmögliche Menge an Menschen auf seine Website zieht oder möglichst hohe Einschaltquoten generiert. Und dreimal darfst du raten, in welchen Fällen mehr geklickt, gekauft oder eingeschaltet wird:

»Berufsunfähigkeitsversicherung leistet nicht – Versicherungsnehmer finanziell am Ende« oder »Studie zeigt: Berufsunfähigkeitsversicherungen zahlen in den meisten Fällen ohne Probleme«.

Negative Schlagzeilen verkaufen sich immer besser als positive. So ticken wir Menschen eben. Ein Video, in welchem ich auf »fünf Fehler bei der Berufsunfähigkeitsversicherung« eingehe, wird zigmal mehr geklickt als ein Video mit »fünf Tipps für die Berufsunfähigkeitsversicherung«. Ja, ich habe dies psychologisch auch schon genutzt. Allerdings nutze ich dies immer nur dann, wenn ich wirklich auf ein wichtiges Thema aufmerksam machen möchte, und liefere dann natürlich auch entsprechend wertvollen Content.

Mir geht es darum, dass dir das einfach bewusst ist und du dich von pauschaler Meinungsmache nicht beeinflussen lässt. Schau hinter die Kulissen. Stell dir – vor allem bei Versicherungen – immer die Fragen: Ist das wirklich so? Was sagen denn die Fakten? Wo sind die echten Zahlen? Und dann wirst du der eigentlichen Wahrheit ein ganzes Stück näher kommen.

Gefährlich wird es immer dann, wenn du basierend auf solchen Meinungen und Darstellungen weitreichende (Versicherungs-)Entscheidungen triffst. Zum Beispiel entscheidest du nach einem (fragwürdigen) Artikel über eine Berufsunfähigkeitsversicherung, die nicht gezahlt hat, dass du jetzt selbst auch keine abschließen wirst. Denn die Wahrscheinlichkeit ist hoch, dass deine Berufsunfähigkeitsversicherung im Zweifel später eben auch mal nicht leisten wird – zumindest hat sich diese Meinung bei dir nach dem Artikel gebildet.

Was dir der Zeitungs- oder Blogartikel nicht mitgeteilt hat, ist, dass die Versicherung deshalb nicht geleistet hat, weil der Versicherer den Versicherungsnehmer abstrakt an einen anderen Beruf verwiesen hat, weil dies schlichtweg vertraglich möglich war.

Wie du aber gelernt hast, ist dies heutzutage bei allen guten Versicherern nicht mehr der Fall. Oder aber der Kunde hat unwahre Angaben zu seinem Gesundheitszustand gemacht. Er hat also eine vorvertragliche Anzeigepflichtverletzung begangen. »Ich wusste nicht, dass ich Krankheit XY auch angeben musste«, wird der Kunde zitiert. Die harte Wahrheit ist aber, dass Unwissenheit kein Grund dafür ist, dass der Versicherer leisten muss. Und auch wenn das jetzt wieder wehtut: In den meisten Fällen hätte man all dies vermeiden können, hätte man sich einmal richtig mit dem Thema Berufsunfähigkeitsversicherung beziehungsweise Absicherung seiner Arbeitskraft (es gibt ja noch andere Produkte zur Absicherung der Arbeitskraft wie zum Beispiel eine Grundfähigkeitsversicherung oder auch Erwerbsunfähigkeitsversicherung) beschäftigt. Da ist sie wieder: die Eigenverantwortung. Daran führt einfach kein Weg vorbei.

Spannende Einblicke in die Leistungspraxis bei Berufsunfähigkeitsversicherung liefert übrigens eine umfangreiche Studie vom unabhängigen Analysehaus Franke und Bornberg aus dem Jahr 2020, welche mit fünf Versicherern durchgeführt wurde.[17]

Zitat aus der Studie:

»*Die Regulierungsstudie 2020 basiert auf Untersuchungsdaten für das Geschäftsjahr 2018. Diese Daten werden durch Stichproben vor Ort validiert, die im November 2019 erfolgten – also noch ›vor Corona‹. Teilgenommen haben die BU-Versicherer Generali Deutschland (ehemals AachenMünchener), ERGO Vorsorge, HDI, Nürnberger und Zurich. Sie bieten rund 3,9 Millionen Kund*innen Versicherungsschutz bei Berufsunfähigkeit.*«

Diese Datenbasis mit fast vier Millionen BU-Kunden ist in meinen Augen doch sehr aussagekräftig und man kann diese Werte als eine sinnvolle Basis und Benchmark für die gesamte Branche hernehmen.

Wenn wir uns nun mal anschauen, was die Gründe dafür waren, dass ein BU-Versicherer nicht geleistet hat, dann fällt der prozentual größte Teil auf die Nichterreichung des BU-Grades (Grad der Berufsunfähigkeit). Sprich, Berufsunfähigkeit (in der Regel 50 Prozent) im Sinne der Versicherungsbedingungen wurde einfach nicht erreicht beziehungsweise nicht vom Arzt festgestellt.

Und natürlich darf dann auch nicht geleistet werden. Und hier wird es spannend. Denn viele versuchen natürlich auch, sich Leistungen zu erschleichen, obwohl sie eigentlich wissen, dass sie nicht mal ansatzweise berufsunfähig sind. Aber man kann es ja mal versuchen. Vielleicht klappt es ja. Und diese Ablehnungen finden sich ebenfalls in der Statistik wieder.

Noch interessanter wird es, wenn man sich anschaut, warum vor allem bei jungen Menschen (17 bis 35 Jahre) eine beantragte Leistung nicht ausgezahlt wurde. Nahezu die Hälfte aller Ablehnungen (47 Prozent) sind hier auf vorvertragliche Anzeigepflichtverletzungen zurückzuführen. Etwas, das vermutlich zu 100 Prozent vermeidbar gewesen wäre, hätte man sich wirklich mal mit dem Thema beschäftigt.

Ich will keinen Lobgesang auf die Versicherer singen. Mir ist vollkommen klar, dass das Hausaufgabenbuch der Versicherer mehr als randvoll ist. Aber man darf ihnen einfach nicht alles in die Schuhe schieben. Ich selbst habe den Prozess der Berufsunfähigkeit meines eigenen Vaters miterlebt. Die BU-Rente wurde hier ohne Probleme gezahlt. Übrigens bei einem Versicherer, der nicht Teil dieser Studie war.

Niemand eröffnet einen Blog oder schreibt dem Versicherer eine positive Bewertung, wenn man seine BU-Leistung erhalten hat. Warum auch? So soll es ja laufen. Bewertest du in der Regel bei Amazon ein Produkt, wenn du damit zufrieden warst?

Aber wenn eben nicht gezahlt wurde, dann passiert genau das Gegenteil. Und das ist das, was du dann siehst. Das ist das, was du dann erzählt bekommst. Das ist das, was ein komplett verzerrtes Realitätsbild in deinem Kopf und in den Köpfen vieler anderer entstehen lässt.

Ich hoffe wirklich, ich konnte hier die bekanntesten Vorurteile und Mythen zur Berufsunfähigkeitsversicherung aus dem Weg räumen. Bleiben noch die Fragen, wer überhaupt eine Berufsunfähigkeitsversicherung braucht und wen eine Berufsunfähigkeit grundsätzlich treffen kann.

Auch hier möchte ich mit einer Frage starten, die mir sehr oft gestellt wurde: »Brauche ich als Büromensch eine Berufsunfähigkeitsversicherung? Was soll mir denn schon bei der Arbeit passieren?«

Tatsächlich wird dir als »Schreibtischtäter« bei der Arbeit vermutlich wenig passieren. Die Wahrscheinlichkeit, dass du als Büroangestellter zum Beispiel durch einen Unfall bei der Arbeit berufsunfähig wirst, geht gegen null. Alles klar, keine Berufsunfähigkeitsversicherung nötig.

Nächste Frage bitte.

Nun, ganz so einfach ist es dann doch nicht. Denn hier liegt ein immens großer Denkfehler vor. Man geht nämlich davon aus, dass die Arbeit selbst das größte Risiko ist, das zu einer Berufsunfähigkeit führen kann. Für Handwerker, Dachdecker, Maurer und Co. mag das auch durchaus stimmen. Aber eben nicht für jemanden, der einen Bürojob ausübt. Auch an dieser Stelle hilft ein Blick in die Leistungsstudie von Franke & Bornberg.[18]

Schaut man nämlich mal nach, welche Ursachen wirklich zu einer Berufsunfähigkeit führen, dann stellt man fest, dass Unfälle gerade mal 6,31 Prozent der Berufsunfähigkeiten ausmachen. Krankheiten des Muskel-Skelett-Systems und des Bindegewebes liegen bei 23,76 Prozent. Auf der anderen Seite sorgen Krebserkrankungen (»bösartige Neubildung«, 19,11 Prozent), psychische Krankheiten und Verhaltensstörungen (26,64 Prozent) und Krankheiten des Kreislaufsystems (7,23 Prozent) für über 50 Prozent der Ursachen einer Berufsunfähigkeit. Und diese können einfach jeden treffen, egal welchen Beruf er ausübt.

So ehrlich und realistisch müssen wir zu uns selbst sein. Versicherern und Versicherungsvermittlern wird ja oft das Spiel mit der Angst vorgeworfen. Das hier ist kein Spiel mit der Angst. Das sind harte Fakten. Und wer dies dennoch als einen »Verkäufertrick« abstempelt, hat die Ernsthaftigkeit dieses Themas noch nicht begriffen. Vor allem durch Corona und die ganze mentale Mehrbelastung, die für viele dadurch entstanden ist, werden diese Prozentzahlen bei psychischen Krankheiten und Verhaltensstörungen weiter steigen und diese immer mehr zur Ursache Nummer eins für Berufsunfähigkeiten werden. Leider ist dies in Deutschland ein absolutes Tabuthema, über welches man nicht spricht – vor allem Männer nicht.

Somit ist glasklar, dass grundsätzlich auch jemand mit einem Bürojob vom Risiko der Berufsunfähigkeit betroffen ist. Vielleicht hast du auch schon mal den Satz gehört, dass Sitzen das neue Rauchen ist. Da ist sehr viel dran.

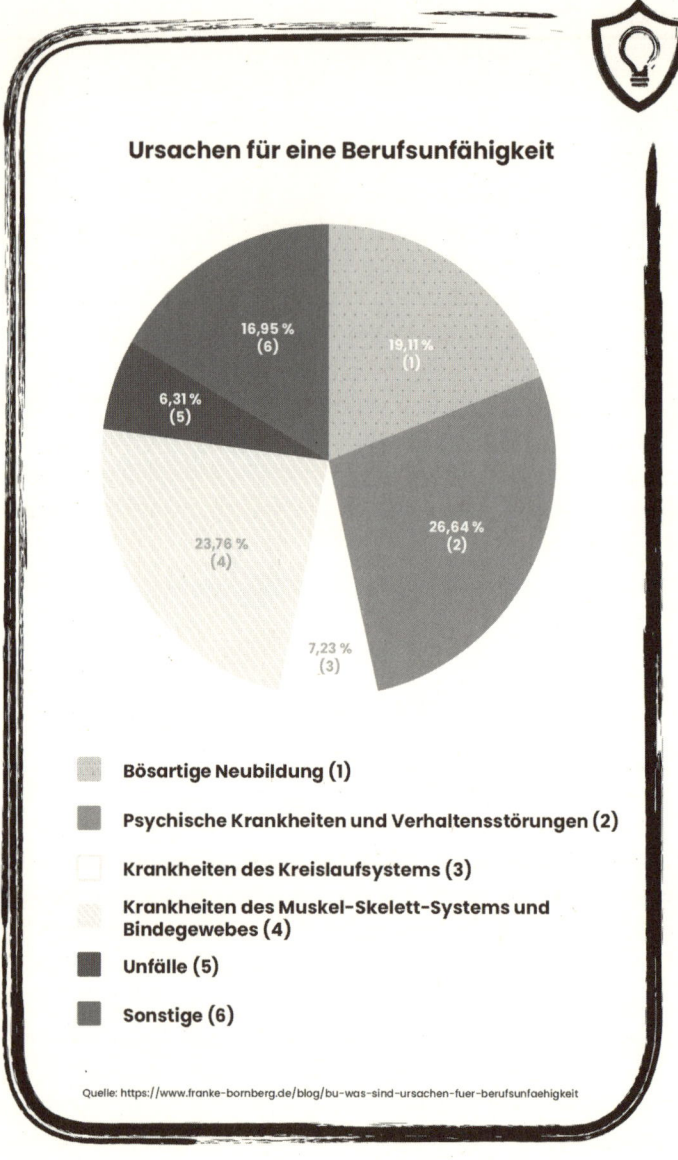

Ursachen für eine Berufsunfähigkeit

- **Bösartige Neubildung (1)**
- **Psychische Krankheiten und Verhaltensstörungen (2)**
- **Krankheiten des Kreislaufsystems (3)**
- **Krankheiten des Muskel-Skelett-Systems und Bindegewebes (4)**
- **Unfälle (5)**
- **Sonstige (6)**

Quelle: https://www.franke-bornberg.de/blog/bu-was-sind-ursachen-fuer-berufsunfaehigkeit

Abschließend für dieses Kapitel möchte ich dir nun noch erklären, wer überhaupt eine Berufsunfähigkeitsversicherung abschließen sollte beziehungsweise diese braucht. Denn das ist vermutlich eine Frage, die dir schon die ganze Zeit unter den Nägeln brennt.

Im Prinzip sollte jeder, der auf sein aktives Arbeitseinkommen angewiesen ist, dieses auch entsprechend absichern. Wenn deine Arbeitskraft ausfällt und du sonst keine anderen Geldströme oder Vermögen hast, von welchen du leben kannst, dann ist dies die einzig logische und rationale Vorgehensweise. Und auf die meisten Menschen wird dies auch zutreffen. Für einige (wenige) aber vielleicht auch nicht.

> »Die Absicherung deiner Arbeitskraft – z. B. über eine **Berufsunfähigkeitsversicherung** – ist immer dann besonders relevant, wenn du auf dein aktives Arbeitseinkommen angewiesen bist.«

Für ein besseres Verständnis möchte ich dir einfach mal schildern, wann und warum ich eine Berufsunfähigkeitsversicherung abgeschlossen habe. Mit zarten 20 Jahren habe ich meine Berufsunfähigkeitsversicherung zu Beginn meiner Ausbildung zum Kaufmann für Versicherungen und Finanzen abgeschlossen. Eher widerwillig. Nicht weil ich davon überzeugt war, dass dies eine echt sinnvolle Versicherung ist, sondern weil ich vielmehr von meinem Ausbildungsleiter dazu überredet wurde. »Na gut, dann mach' ich das halt mal, bevor ich deswegen vielleicht noch in der Probezeit rausgeworfen werde.« Und hätte ich eine andere Ausbildung gemacht, dann hätte ich vermutlich damals keine Berufsunfähigkeitsversicherung abgeschlossen. Warum auch? Ich verdiente das erste Mal richtig Geld und sollte davon direkt mal 40 oder 50 Euro für eine Berufsunfähigkeitsversicherung abdrücken? Nein, danke. »Ich bin jung, topfit und ernähre mich gesund. Ich achte auf meinen Körper und treibe Sport. Was soll mir bitte schön passieren?« Kommt dir das vielleicht ein wenig bekannt vor? Das war meine klare Einstellung mit Anfang 20. Ist sie übrigens auch heute noch. Bis auf den Punkt »Was soll mir bitte schön passieren?«. Denn mir ist dann leider doch einiges passiert in den folgenden Jahren.

Die Geschichte, die ich dir jetzt erzähle, könnte sich auch irgendein Verkaufs-Storyteller ausgedacht haben, so gut ist sie. Mit dem feinen Unterschied, dass mir dies wirklich genau so passiert ist.

Ich saß im Büro meiner Geschäftsstelle in Aschaffenburg und wartete darauf, dass es 17 Uhr wurde. Dann war Feierabend. Keine Minute früher. Und ich sorgte auch dafür, dass es definitiv keine Minute später sein würde. Die ersten Wochen der Ausbildung waren echt anstrengend. Anstrengend deshalb, weil ich durchgängig acht Stunden lang maximal unterfordert war. Ich bin dieser Typ Mensch, der einfach ständig was machen muss. Das habe ich von meinem Vater geerbt. Danke, Papa.

Mal wirklich eine Stunde komplett ohne was zu tun auf der Couch zu liegen, das ist fast Folter für mich. Übrigens sehr zum Leidwesen meiner Frau. Und jetzt stell dir mal vor, dass so ein Typ Mensch jeden Tag acht Stunden neben einer anderen Person an einem PC sitzen und zuschauen muss, was diese Person so macht. Und genau deshalb hast du mich eine Minute nach 17 Uhr auch nicht mehr im Büro gesehen.

An diesem besagten Abend habe ich mich mit meinen Jungs zum Fußballspielen in einer Indoor-Soccer-Halle getroffen. Ich habe nie professionell Fußball gespielt, aber dafür sehr oft in meiner Freizeit. Es war gerade die zweite Woche meiner Ausbildung und nach jedem Tag so langen Sitzens habe ich mich extrem auf eine Runde »Zocken« in der Soccer-Halle gefreut. Vier gegen vier, und los ging es. Wir spielten immer sehr fair und auch nicht zu aggressiv, weil wir eben nicht wollten, dass sich jemand ausgerechnet in der Freizeit verletzt.

So auch an diesem Abend.

Als ich nach circa 40 Minuten Spielzeit gerade zu einem kurzen Sprint ansetzen wollte, passierte es. In meiner eigenen Wahrnehmung hörte ich ein richtig lautes »Schnalzen« und in der gleichen Sekunde spürte ich einen stechenden Schmerz in meinem rechten Knie. Ich sackte sofort zusammen und schrie und weinte vor Schmerzen. Meine Freunde sammelten sich um mich und fragten, was denn los sei. Denn mich hatte ja niemand gefoult oder Ähnliches. Keinerlei Fremdeinwirkung. Ich meinte, dass ich irgendwie im Boden hängen geblieben sein musste. Mein Knie schwoll in Sekundenschnelle richtig dick an, sodass ich es gar nicht mehr richtig beugen oder strecken konnte. Meine Hoffnung, dass es irgendwie nur eine Zerrung war, sollte sich am nächsten Tag im Krankenhaus leider nicht bestätigen. Kreuzbandriss. In einem kurzen Gespräch erklärte mir der Arzt, dass das operiert werden müsse und ich vermutlich nie mehr irgendwelche Sportarten würde machen können, welche das Knie belasten. Dafür sei das »neue Kreuzband« nicht stark genug. Ich habe zu dieser Zeit auch Tischtennis im Verein gespielt. Eine Sportart, bei der eine sehr schnelle Beinarbeit und entsprechend auch eine Belastung der Knie erforderlich sind. Meine komplette Welt brach in diesem Moment zusammen. Ich war Anfang 20 und sollte nie mehr meinen Lieblingssportarten nachgehen können? Das konnte nicht sein. Schluchzend führte mich meine Mutter aus dem Krankenhaus und wir fuhren nach Hause.

Einige Jahre später sollte ich mir bei einem nicht selbst verschuldeten Motorradunfall (ich saß hinten drauf und auch mein Freund und Fahrer hatte keine Schuld an dem Unfall) auch noch das linke Schienund Wadenbein brechen. Mehrere Wochen lag ich im Krankenhaus und konnte monatelang nur mit Krücken laufen. Bis heute befindet sich noch ein Teil einer Schraube knapp unterhalb meines linken Knies im Knochen. Sie ist damals abgebrochen, als der sogenannte T2-Nagel, der von kurz unterhalb des Knies bis an das Fußgelenk reichte und sich im Schienbein befand, wieder herausoperiert wurde.

Was kannst du dir nun aus meiner Geschichte herausziehen? Vor allem in Bezug auf die Berufsunfähigkeitsversicherung?

Ich hatte diese tatsächlich nur wenige Tage vor meinem Kreuzbandriss abgeschlossen.

Hätte ich damit länger gewartet, dann hätte ich eine Berufsunfähigkeitsversicherung mit sehr hoher Wahrscheinlichkeit nur noch mit einem kompletten Ausschluss meines rechten Knies und eventueller Folgeerkrankungen bekommen. Vom späteren Motorradunfall mal ganz zu schweigen.

Ich bin unglaublich dankbar, dass ich meine BU-Versicherung im Vorfeld dieser Unfälle abgeschlossen habe beziehungsweise dazu überredet wurde. Zwar bedingen Unfälle per se nur einen kleinen Teil der

Berufsunfähigkeiten an sich, aber das heißt nicht, dass Unfälle nicht eben auch dafür sorgen können, dass du erst gar keine Berufsunfähigkeitsversicherung abschließen kannst oder nur unter erschwerten Bedingungen. Das sind »zwei verschiedene Paar Schuhe«, wie mein Vater sagen würde.

Übrigens spiele ich bis heute Fußball, Tischtennis (wenn auch nicht mehr im Verein) und mache sonst jede Sportart, auf die ich Lust habe. Ich hatte mir damals eine zweite Meinung eingeholt und mir einen Termin in einer Klinik geben lassen, die sich auf Kreuzbandrisse spezialisiert hatte. Dank meiner Krankenzusatzversicherung für stationäre Krankenhausaufenthalte, die ich ebenfalls zu Ausbildungsbeginn abgeschlossen hatte, konnte ich hier die entsprechenden Zusatzleistungen in Anspruch nehmen. Auch dafür bin ich einfach dankbar und habe bis heute – im Gegensatz zu vielen meiner Fußballfreunde, die nicht zu einem Spezialisten gegangen sind – keinerlei Probleme mit meinem »neuen« Kreuzband. Gesundheit ist für mich persönlich einfach das Allerwichtigste. Ein gesunder Mensch hat tausend Wünsche. Ein kranker beziehungsweise ein nicht körperlich fitter Mensch nur einen. Und die richtigen Versicherungen unterstützen mich eben auch finanziell dabei, mir diese Gesundheit zu erhalten oder – wenn nötig – wiederherzustellen.

Meine Berufsunfähigkeitsversicherung werde ich übrigens vermutlich auch irgendwann kündigen.

Denn wie viele andere habe ich das ambitionierte Ziel, irgendwann finanziell frei und unabhängig zu sein. Und da du gerade dieses Buch in der Hand hältst, ist es nicht ganz unrealistisch, dass du dieses Ziel möglicherweise auch hast. Denn niemand kauft ein Buch über Versicherungen mal einfach so. Meist geht dem eine gewisse finanzielle Selbstfindungsphase voraus und irgendwann stößt man eben auch auf das Thema Versicherungen. Wenn das bei dir nicht der Fall sein sollte, dann ist das überhaupt nicht schlimm. Ich wollte nur die Menschen, auf die dies ebenfalls zutrifft, hiermit kurz direkt ansprechen. Einfach damit ihr aufgrund eurer finanziellen Ambitionen keinen fatalen Fehler macht.

Sollte ich irgendwann an den Punkt kommen, dass ich finanziell wirklich auf niemanden mehr angewiesen bin, komme, was wolle, dann werde ich meine Berufsunfähigkeitsversicherung kündigen. Denn dann hat diese bis dahin ihren Zweck sehr gut erfüllt. Sie hat mich auf dem

Weg zu meiner finanziellen Unabhängigkeit geschützt. Hat diesen Weg links und rechts für mich gesichert. Aber wenn dann ein finanzielles Risiko einfach nicht mehr vorhanden ist, dann muss man dieses ja auch nicht mehr absichern. Wenn ich nicht mehr auf mein aktives Arbeitseinkommen angewiesen bin, dann brauche ich auch keine Berufsunfähigkeitsversicherung mehr, welche mir dieses absichert.

Aber bitte mach nicht den Fehler, das Pferd von hinten aufsatteln zu wollen. Zu oft lese ich in den Kommentaren unter meinen Videos, dass man die Berufsunfähigkeitsversicherung nur bis 50 Jahre abgeschlossen habe, weil man bis dahin eh finanziell durch sei und man sich dann einiges an Beitrag spare, weil die Laufzeit ja nicht bis 67 Jahre gehe. Oder noch besser: Man schließt erst gar keine BU-Versicherung ab und legt das Geld dafür einfach zur Seite oder investiert es in einen ETF-Sparplan. Da hat man ja dann auch was davon, wenn man nicht berufsunfähig wird. Zack, dem Versicherungsvermittler ein Schnippchen geschlagen!

Willst du Gott zum Lachen bringen, dann erzähl ihm von deinen Plänen, lautet ein sehr bekanntes Sprichwort. Es passt einfach zu gut. Ich habe auch den Plan und das Ziel, bis zu meinem 50. Geburtstag finanziell frei zu sein. Aber ich bin eben auch rational genug, um zu wissen, dass es vermutlich mehrere Millionen Dinge gibt, die mir hier einen Strich durch die Rechnung machen können, an welche ich nicht mal ansatzweise gedacht habe. Und dieses Risiko kann ich für mich selbst, für meine finanzielle Existenz niemals eingehen. Was ist denn, wenn du mit 48 Jahren berufsunfähig bist und deine Berufsunfähigkeitsversicherung nur bis 50 läuft? Hast du genug finanzielle Mittel, um es bis zur Rente zu schaffen? Und falls ja, wovon lebst du dann in der Rente, weil du hier auch nur auf dein Depot gesetzt hast, aber schon vorher ran musstest. Was ist, wenn du keine BU-Versicherung abgeschlossen hast, sondern einen ETF-Sparplan mit monatlich 200 Euro und dann drei Jahre später für fünf Jahre berufsunfähig bist? Dann hast du nicht mal annähernd genug Kapital angehäuft, um davon mehrere Jahre leben zu können.

Die durchschnittliche Leistungsdauer bei einer Berufsunfähigkeitsrente beträgt im Übrigen sechs Jahre.[19]

Ist nun also die Antwort auf die Frage, ob du auf jeden Fall eine Berufsunfähigkeitsversicherung abschließen solltest, ein klares Ja? Nein, definitiv nicht.

All meine Beispiele, Erklärungen und Zahlen sollten nur eines bewirken: Du solltest einfach auch mal eine andere Perspektive auf diese Versicherung bekommen. Es war ein Versuch, damit wieder ein Gleichgewicht in deinem Kopf herzustellen, was die Thematik Berufsunfähigkeit angeht. Einen Gegenpol zum ganzen Versicherungs-Bashing und der größtenteils reinen Meinungsmache aufzubauen.

Am Ende entscheidest allein du, ob du deine Arbeitskraft über zum Beispiel eine Berufsunfähigkeitsversicherung absichern möchtest oder nicht. Dies hängt vor allem auch von deinem persönlichen Risikoempfinden ab. Ich kenne zum Beispiel auch Menschen, die sind hergegangen und haben mit Anfang 20 mal ausgerechnet, wie viel Kapital sie monatlich sparen müssten, um zum Zeitpunkt X genug Vermögen aufgebaut zu haben, um dann auch eine mögliche Berufsunfähigkeit abfedern zu können. Im Gegenzug wird dann in Kauf genommen, dass man zum Beispiel bis zum 45. Lebensjahr nicht berufsunfähig werden darf, denn sonst geht der Plan nicht auf. Auch eine Herangehensweise. Würden wir allerdings einem Kunden bei uns in der Beratung diese Strategie empfehlen, würden wir, wenn das Ganze schiefgeht, ziemlich schnell vor Gericht gezerrt werden. Und mit relativ hoher Wahrscheinlichkeit nicht als Sieger aus dieser Nummer hervorgehen. Ja, Versicherungsvermittler haften, teilweise sehr lange, für ihre Beratung und die Aussagen, die dort getroffen und dokumentiert wurden. Dazu aber auch später mehr.

Ich wünsche mir wirklich sehr, dass dir dieses Kapitel in der Entscheidungsfindung für oder gegen eine Form der Arbeitskraftabsicherung helfen konnte.

DENN DU WEISST NICHT, WAS DU NICHT WEISST

Möglicherweise hast du die Überschrift dieses Kapitels zwei- oder dreimal lesen müssen. Diese Aussage ist zugegebenermaßen etwas verschachtelt und man muss doch ein paar Sekunden drüber nachdenken. Als ich diesen Satz das erste Mal vor vielen Jahren gelesen habe, hat es in meinem Kopf richtig laut »klick« gemacht. Als hätte sich ein Schalter, der jahrelang nur darauf gewartet hatte, betätigt zu werden, endlich umgelegt. Und ich bin wirklich unglaublich dankbar, dass dieser Schalter bei mir im Kopf betätigt wurde. Denn bei fast jeder wichtigen Entscheidung rufe ich mir seitdem diese »Entscheidungshilfe« hervor.

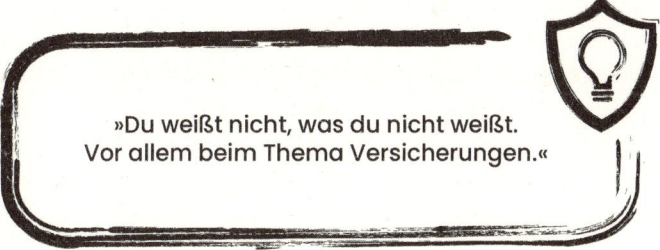

»Du weißt nicht, was du nicht weißt.
Vor allem beim Thema Versicherungen.«

In diesem Buch geht es – wie du bereits gemerkt hast – sehr viel um Entscheidungshilfen.

Um einfache und sinnvolle Prinzipien, die du praktisch anwenden kannst. Zu wissen, dass du schlichtweg niemals wissen kannst, was du nicht weißt, also welche Information dir möglicherweise gerade fehlt und deine Entscheidung maßgeblich beeinflussen kann, ist unglaublich mächtig und demütig zugleich. Niemand weiß alles. Du weißt in vielen Lebensbereichen mehr als ich. Und umgekehrt. Und wenn man genau dies nun weiß, wäre es doch maximal fahrlässig, vor allem (finanziell) wichtige Entscheidungen nur auf Basis des eigenen Wissens oder vielmehr der eigenen Annahmen und Vermutungen zu treffen. Mal wieder ein Beispiel aus meinem Leben: Natürlich könnte ich meine Steuererklärung selbst machen, auch als Selbstständiger und Unternehmer. In meinem Studium hatte ich tatsächlich auch Steuerrecht. An der Stelle sei direkt erwähnt, dass ich damals an der Uni wohl kein Fach mehr gehasst habe als Steuerrecht. Aber damit bin ich vermutlich nicht allein. Und ich habe auch zu Beginn meiner Selbstständigkeit meine Steuererklärung weiter selbst gemacht. Und zwar aus zwei Gründen. Einmal, weil ich einfach keine Lust hatte, Geld für einen Steuerberater auszugeben. Und zum Zweiten, weil ich der festen Überzeugung war, dass ich das selbst hinbekommen kann. Gute Steuersoftwares gibt es genügend im Internet und dann noch ein wenig Einlesen in ein paar Steuerratgeber für Selbstständige und Unternehmer – fertig. Wer braucht denn schon teure Steuerberater? Ich auf alle Fälle nicht.

Und als ich dann so dasaß und meine Steuererklärung nach und nach bearbeitet habe, fiel mir wieder der obige Satz ein: »Du weißt nicht, was du nicht weißt ...«. Angewandt auf meine Steuererklärung hieß das, dass ich – egal wie viele Ratgeber ich gelesen habe und wie viele YouTube-Videos ich angeschaut habe – nie zu 100 Prozent ausschließen konnte, doch etwas vergessen zu haben. Denn jede steuerliche Situation ist anders. Eventuell müsste ich noch etwas Spezielles beachten, das in meiner Situation sehr wichtig ist.

Aber ich weiß es einfach nicht. Weil ich eben nicht weiß, was ich nicht weiß. Verflixt. Das ist aber auch eine Zwickmühle. Mir war sofort klar, dass ich nie wieder eine Steuererklärung selbst machen würde. Es war einfach so offensichtlich, dass es fast wehtat. Aber ich wollte es einfach nicht sehen. Ich wollte nicht wahrhaben, dass es gewisse Lebensbereiche gibt, die einfach zu wichtig sind, als dass man sie auf eigene Faust angehen sollte. Vor allem, wenn es um Geld geht. Mein Geld.

Exakt das Gleiche gilt für mich auch in vielen anderen Lebensbereichen. Wenn ich ein gesundheitliches Problem habe, dann kann ich zwar stundenlang »Dr. Google« fragen und habe dann entweder ei-

nen einfachen Husten oder halt Lungenkrebs. Oder ich gehe zu jemandem, der wirklich Ahnung von meinem Körper hat und mir exakt
sagen kann, was los ist und was ich brauche. Läuft mein Auto nicht
mehr rund, dann kann ich auch hier direkt auf YouTube nach einer Lösung suchen und anschließend mit dem 13,99-Euro-do-it-yourself-Kit
aus China selbst loslegen. Oder ich gehe halt einfach zu einer Fach-
werkstatt und lasse es dort machen. Das kostet mehr, aber dann ist es
richtig gemacht, und falls nicht, dann habe ich gewisse rechtliche Möglichkeiten, dass das Problem nochmals angegangen wird.

Und wie du dir schon denken kannst, gilt all dies natürlich ebenfalls oder sogar vor allem für Versicherungen. Auch hier ist es kein
Problem, sich im Internet über Versicherungen schlauzumachen. Allein meine Videos auf YouTube machen hier einen Großteil des ver-
fügbaren Versicherungswissens in Deutschland aus. Und ich würde
dir niemals sagen, dass es schlecht ist, sich ein wenig im Vorfeld »auf-
zuschlauen«. Im Gegenteil. Nur hast du auch hier an einem gewissen
Punkt, beziehungsweise bei diversen, vor allem komplexen Versicherungen, das Problem, dass du nicht weißt, ob du nun wirklich alles bedacht hast. Deckt diese Versicherung tatsächlich alles ab, das für mich
wichtig und relevant ist? Oder fehlt doch ein wichtiger Baustein? Habe
ich die Gesundheitsfragen im Antrag korrekt ausgefüllt oder mache
ich hier gerade einen ganz großen Fehler? Diese Fragen kann ich nahezu endlos fortsetzen.

Und jetzt kommt die alles entscheidende Frage: Wirst du dieses
Mindset annehmen und akzeptieren, dass du nicht weißt, was du nicht
weißt, oder wird dir dein Ego hier einen Strich durch die Rechnung
machen? Ganz genau. Unser menschliches Ego führt dazu, dass wir
– meist unbewusst – heftige (finanzielle) Fehlentscheidungen treffen.
Meist merken wir das auch gar nicht sofort, sondern erst viel später.
Wenn es zu spät ist. Wenn du wirklich mal tiefer in das Thema Ego ein-
steigen willst, dann empfehle ich dir (nochmals) das Buch *Dein Ego ist
dein Feind* von Ryan Holiday. Eines der besten Bücher, die ich je gelesen habe, da sich mein Leben und die Entscheidungen, die ich in meinem Leben treffe, danach extrem verbessert haben. Einfach weil ich
danach in der Lage war, bewusst bessere Entscheidungen für mich zu
treffen. Entscheidungen, die nicht von meinem Ego geleitet wurden.
Und vor Letzterem ist absolut niemand geschützt. Man muss nur ein-

mal kurz die Demut haben, dies zu akzeptieren. Ein wirklich ganz großer Wendepunkt in meinem Leben.

Kommen wir noch mal konkret auf Versicherungen zurück und was dies nun für dich und deine (künftigen) Versicherungsentscheidungen bedeutet. Es bedeutet, dass du niemals – außer du bist selbst gelernter oder studierter Versicherungsexperte – wichtige Versicherungsentscheidungen allein treffen solltest.

Moment! Aha! Weißt du, wer sich gerade in dieser Sekunde gemeldet hat, als du den letzten Satz gelesen hast? DEIN EGO! Es hat dir nämlich gesagt, dass das alles nicht sein kann.

Und dass der »Versicherungs-Heini«, der dieses Buch schreibt, das so schreiben muss, weil ja sonst irgendwann sein Berufsstand überflüssig wird, und er will ja nur Kohle verdienen ... und, und, und. Wen lässt du gewinnen? Dein Ego oder deinen rationalen Verstand?

> »Wer trifft wirklich deine (Versicherungs-)
> Entscheidungen? Dein rationaler Verstand
> oder doch dein Ego?«

Du kennst bestimmt die Geschichte mit den zwei Wölfen. Falls nicht, habe ich sie dir hier mal kurz aufgeschrieben:[20]

Eines Abends erzählte ein alter Cherokee-Indianer seinem Enkelsohn am Lagerfeuer von einem Kampf, der in jedem Menschen tobt.

Er sagte: »Mein Sohn, der Kampf wird von zwei Wölfen ausgefochten, die in jedem von uns wohnen.

Einer ist böse. Er ist der Zorn, der Neid, die Eifersucht, die Sorgen, der Schmerz, die Gier, die Arroganz, das Selbstmitleid, die Schuld, die Vorurteile, die Minderwertigkeitsgefühle, die Lügen, der falsche Stolz und das Ego.

Der andere ist gut. Er ist die Freude, der Friede, die Liebe, die Hoffnung, die Heiterkeit, die Demut, die Güte, das Wohlwollen,

die Zuneigung, die Großzügigkeit, die Aufrichtigkeit, das Mitgefühl
und der Glaube.«
Der Enkel dachte einige Zeit über die Worte seines Großvaters nach
und fragte dann:»Welcher der beiden Wölfe gewinnt?«
Der alte Cherokee antwortete:»Der, den du fütterst.«

Dem ist wirklich nichts mehr hinzuzufügen. Außer vielleicht eine Sache: Ein Steuerberater kostet dich Geld, wenn du ihn mit deiner Steuererklärung beauftragst. Ein Arzt ebenfalls, auch wenn dies in den meisten Fällen deine Krankenversicherung bezahlen wird. Und für das Reparieren deines Autos in der Werkstatt musst du ebenfalls Geld für Material und Arbeitsstunden bezahlen. Das ist ja dann eben sehr oft der Anreiz, es doch selbst zu versuchen, um sich das Geld zu sparen.

Und bei Versicherungen gibt es ja auch noch den Trick, diese einfach online abzuschließen. Denn online kaufen ist ja immer billiger – oder?

Was wäre aber, wenn es bei Versicherungen tatsächlich ein wenig anders aussähe? Was wäre, wenn du – egal ob du eine Versicherung selbst im Internet abschließt oder mit einem Versicherungsexperten zusammen – fast immer das Gleiche zahlen müsstest?

Dann wäre es doch in der Tat komplett sinnfrei, eine komplexe Versicherung auf eigene Faust abzuschließen, richtig? So viel schon mal vorab: Das Konzept, Schuhe im Schuhladen auszuprobieren, die Beratung dort durchführen zu lassen und dann den Schuh für 10 Euro günstiger im Internet zu bestellen, funktioniert bei Versicherungen nicht. Zumindest in den meisten Fällen nicht. Über dieses Thema, verschiedene Beratungsformen und auch die »schwarzen Schafe« der Branche sprechen wir nun im zweiten Teil dieses Buches.

TEIL 2

BERATUNGSFORMEN, SCHWARZE SCHAFE UND MEHR GEFÄHRLICHES HALBWISSEN

ANHAUEN, UMHAUEN, ABHAUEN – WARUM DIE VERSICHERUNGSBRANCHE EINEN SO SCHLECHTEN RUF HAT

Ohne dass ich jetzt an dieser Stelle auf unzählige Quellen verweisen muss, die dies belegen, ist eine Sache glasklar: Keine Branche hat einen schlechteren Ruf in Deutschland als die Versicherungsbranche beziehungsweise deren Vermittler. (Meist wird nur vom »Versicherungsvertreter« gesprochen als Bezeichnung für alle Versicherungsvermittler, was allerdings fachlich falsch ist. Mehr dazu im Kapitel zu den verschiedenen Formen der Versicherungsvermittlung.)[21]

Wirklich keine. Und dies auch zu Recht. Ja, du hast richtig gelesen. Die Versicherungsbranche hat sich diesen schlechten Ruf wirklich über Jahre hinweg hart erarbeitet und entsprechend auch verdient. Und auch heute setzen einige »Player« innerhalb der Branche alles daran, dass sich an dem Ruf nichts ändert. Ob bewusst oder unbewusst, spielt hier keine Rolle. Und genau darüber müssen wir jetzt mal sprechen. Wo kommt der schlechte Ruf eigentlich her, wieso hält er sich so hartnäckig und wie kannst du als Kunde beziehungsweise Verbraucher so einer verrufenen Branche dein Vertrauen schenken?

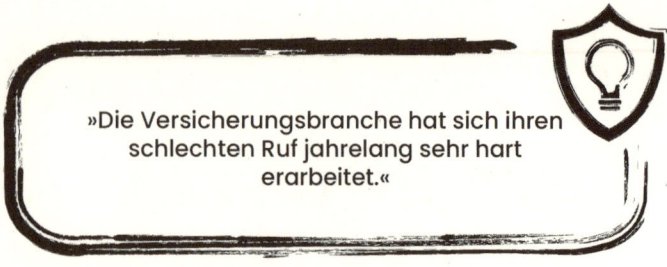

»Die Versicherungsbranche hat sich ihren schlechten Ruf jahrelang sehr hart erarbeitet.«

Würden wir uns nun bei einem Kaffee gegenübersitzen, so könnte ich locker die nächsten drei bis vier Stunden mit Beispielen und Geschichten aus der Versicherungswelt füllen, welche alle auf den schlechten Ruf der Branche einzahlen würden.

Und ich bin gerade mal circa 15 Jahre mit dabei. Du würdest vermutlich andauernd nur den Kopf schütteln und dich fragen, wie man eigentlich nur so dumm und verantwortungslos handeln kann. Nachfolgend möchte ich versuchen, ein grobes Bild davon zu zeichnen, was so in der Versicherungsbranche über die Jahre gelaufen ist und warum sie heute so dasteht, wie sie dasteht. Warum kann ich das? Weil ich eben mittlerweile alle Seiten kenne. Ich kenne die Seite des Kunden (ich habe ja auch selbst einige Versicherungen), ich kenne die Seite des Versicherungsvermittlers und durch mein sehr großes Netzwerk und meine Bekanntheit innerhalb der Branche auch die Seite der Versicherer bis hoch zu vielen Versicherungsvorständen.

Damit möchte ich nicht angeben, sondern dir nur darlegen, dass ich wirklich mitten im Geschehen bin und alle Beteiligten extrem gut kenne. Sowohl die guten als auch die schlechten Seiten (*Gute Seiten, schlechte Seiten* – vielleicht bald auf RTL?).

Auch werden die folgenden Zeilen kein Versicherungs-Bashing werden. Daran habe ich wirklich überhaupt kein Interesse. Das machen die Medien schon genug. Die »Versicherungs-Sau« kannst du halt echt jeden Tag durchs Dorf treiben. Morgens, mittags, abends – komplett egal. »Versicherung XY hat wieder nicht geleistet, Familie XY steht vor dem finanziellen Ruin«, das verkauft sich besser und schneller als warme Semmeln (so heißen Brötchen bei uns). Und das wissen die Medien natürlich auch. Aus dieser Schublade kann man immer was rausziehen. Ist zwar nicht objektiv und definitiv nicht generell so –

aber wen juckt das schon? Die Leser bestimmt nicht. Entschuldige, ich drifte ab. Aber achte doch einfach das nächste Mal selbst drauf, wenn du eine entsprechende Meldung in der Zeitung als Schlagzeile siehst.

Um es in wenige Worte zu fassen, die Versicherungsbranche hat Folgendes geschafft: Durch falsche (meist finanzielle) Anreize wurden eben die falschen Menschen angezogen, welche dann nicht kundenorientiert, sondern eben »anreizorientiert« zu Versicherungen und Finanzprodukten »beraten« und diese verkauft haben. Das fasst es eigentlich ganz gut zusammen. Und warum hat das über Jahrzehnte funktioniert und funktioniert teilweise heute noch? Weil die Menschen allgemein zu wenig Ahnung von Versicherungen haben und in den meisten Fällen nicht erkennen konnten und können, was da eigentlich vor ihnen auf dem Tisch liegt beziehungsweise auf dem Bildschirm zu sehen ist. Und beides zusammen war eben ein perfekter Nährboden für entsprechende Vorgehensweisen. Der Kunde hat gar keine Ahnung, der (neue) Vermittler eigentlich auch nicht wirklich, aber immer noch mehr als der Kunde und der Vertrieb oder Versicherer gibt vor, was zu tun ist. Und der Vermittler hinterfragt nicht, sondern macht einfach und ist maximal auf die bunten Scheine fixiert, die ihm jeder neue Vertrag beschert.

Habe ich das jetzt zu krass geschrieben? Oder tut es nur deshalb – mal wieder – so weh, weil es die unangenehme, die unbequeme Wahrheit ist, die doch wieder nur zu selten ausgesprochen wird?

Vielleicht liest du diese Zeilen gerade und arbeitest selbst innerhalb der Versicherungsbranche und bestätigst mir das zuvor Geschriebene. Falls du mir nicht zustimmst, dann empfehle ich dir dringend, mal die Augen aufzumachen. Fast täglich erreichen mich Nachrichten über Instagram, wo jemand bei einem »Vorstellungsseminar« eines Versicherers oder Finanzvertriebes war und es zu 99 Prozent einfach nur um Geldverdienen und »Tschakka-tschakka« ging. Von adäquater und bedarfsgerechter Kundenberatung keine Spur. Und nächste Woche kann man dann auch direkt loslegen und wird auf die Menschheit losgelassen. All dies ist leider immer noch nicht Vergangenheit und sichert weiterhin den schlechten Ruf von Versicherungsvermittlern.

Mich wundert es also nicht mal ansatzweise, dass sich der Ruf jedes Jahr aufs Neue nicht verbessert hat. Der Ruf wird so schlecht bleiben, wie er aktuell ist, solange solche Methoden angewandt werden. Und wenn es auch nicht mehr so viele sind wie vor ein paar Jahren, reichen ein paar wenige aus, die so agieren. Denn die negativen Erfahrungen, die Kunden und Verbraucher damit machen, verbreiten sich um ein Vielfaches mehr als die positiven Erfahrungen, die man mit guten Vermittlerinnen und Vermittlern gemacht hat. Über Negatives sprechen wir Menschen einfach viel mehr als über Positives. Darauf bin ich ja bereits eingegangen.

Leider kann ich nicht durchs Land ziehen und all den Personen und Unternehmen, die noch so agieren, eins über die Rübe ziehen. Das würde vermutlich auch nichts ändern. Aber was ich durchaus machen kann, ist, die Menschen so gut wie möglich über Versicherungen und Versicherungsvermittlung aufzuklären, sodass du sehr gut selbst erkennen kannst, wann du einem Versicherungsvermittler doch besser freundlich den Weg zu deiner Tür zeigst und ihm oder ihr auf Nimmerwiedersehen sagst. Das kann ich tun, und das versuche ich auch bereits seit Jahren – vor allem mit meinen Inhalten auf YouTube, Instagram und TikTok. Denn ein »aufgeschlauter« Kunde kann einfach viel schwerer über den Tisch gezogen werden. Finde ich es toll, dir empfehlen zu müssen, dass du dich vor einem Beratungsgespräch über Versicherungen schlaumachen solltest, um nicht Opfer einer massiven Falschberatung zu werden? Nein, überhaupt nicht. Aber es ist – zumindest aktuell noch – eine sehr sinnvolle Herangehensweise, damit du dich einfach ein wenig selbst schützen kannst. Und auch hier ist es natürlich wieder immens wichtig, woher du diese Informationen bezogen hast.

Vergiss nie: Im Internet gibt es sehr viele Menschen mit ganz viel Meinung, aber ganz wenig Ahnung.

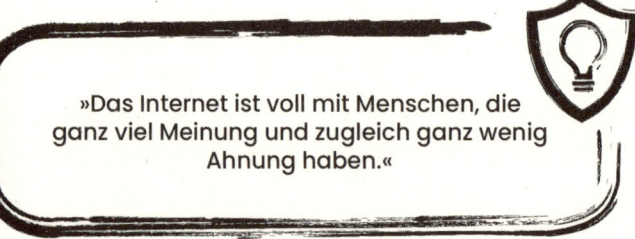

»Das Internet ist voll mit Menschen, die ganz viel Meinung und zugleich ganz wenig Ahnung haben.«

Und ein guter Vermittler oder eine gute Vermittlerin wird es übrigens überaus begrüßen, wenn du tatsächlich schon ein wenig im Bilde bist, was diverse Versicherungen angeht. Das macht es für beide Seiten einfacher, den für dich passenden Schutz zu finden. Vor allem weil von deiner Seite eben auch schon der Wille da ist, dich entsprechend abzusichern. Oder in anderen Worten: Du hast bereits das richtige Versicherungs-Mindset.

WARUM DU BEI VERSICHERUNGEN NICHT AUF ELTERN, GROSSELTERN UND FREUNDE HÖREN SOLLTEST

*E*in weiterer Punkt, der auch noch wirklich hartnäckig dazu beiträgt, dass sich das Image der Versicherungsvermittler nicht verbessert, sind vererbte Glaubenssätze. Was meine ich damit? Du kennst doch bestimmt Situationen, in denen deine Oma, dein Opa oder deine Eltern dir von bestimmten Dingen im Leben absolut abgeraten haben. »Mach das nicht, mein Sohn! Ich habe da sehr schlechte Erfahrungen gemacht!« Solche oder so ähnliche Sätze haben wir alle schon mal mitbekommen. Und natürlich auch einfach so für unser eigenes Leben übernommen. Ohne sie zu hinterfragen. Ohne die genauen Sachverhalte zu kennen. »Versicherungsvermittler sind alles Betrüger und Abzocker! Ich hab da selbst schon einiges mitbekommen!« Teilweise werden diese Glaubenssätze sogar weitergegeben, ohne dass die Person, die dir dies erzählt, selbst mal betroffen war. Aber wir glauben das in ganz, ganz vielen Fällen. Einfach so. Verrückt, oder?

»Vererbte Glaubenssätze verleiten dich, Entscheidungen oft rein auf Basis von Erfahrungen und Meinungen anderer Personen zu treffen. Dabei ist das Einzige, das wirklich zählt, deine eigene, individuelle Situation, dein Bedarf und deine Absicherungswünsche.«

So verrückt ist das gar nicht, wenn man sich das Ganze etwas näher anschaut. Menschen, die dir nahe sind, Verwandte, Freunde oder auch Arbeitskollegen, wollen ja tendenziell nur das Beste für dich. Zumindest leben die meisten von uns in genau dieser Annahme. Warum sollten dir diese Menschen also etwas erzählen, das vielleicht für dich selbst gar nicht stimmt und dir eventuell sogar schaden kann?

Zwei Gründe: Zum einen wissen sie es meist selbst einfach nicht besser und geben zu leicht dem inneren Drang des Menschen nach, sich mitzuteilen. Egal ob man von einem Thema wirklich Ahnung hat oder nicht. Und zum anderen, weil sie schlichtweg keine Konsequenzen zu erwarten haben, wenn ihr Ratschlag komplett nach hinten losgeht. »Was fragst du mich das auch? Bin ich etwa plötzlich Versicherungsexperte?! Selbst schuld, wenn du dich hier allein auf meine Meinung verlassen hast ...« Solche Sätze hast du vielleicht auch schon mal gehört. Jeder will irgendwie irgendwo mitreden und seinen Senf dazugeben. Nur wenn es dann schiefgegangen ist, dann wird mit Ausreden um sich geworfen.

Diese vererbten Glaubenssätze sind einfach unglaublich gefährlich. Sie stammen von Menschen, die in einer teilweise ganz anderen Generation und Welt unterwegs waren, als sie in dem Alter waren, in welchem du gerade bist. Solche Empfehlungen dürfen niemals ein zu starker Wegweiser für dein eigenes Leben im Hier und Jetzt sein. Natürlich meinen sie es alle vermutlich nur gut mit dir. Aber gut gemeint reicht bei so wichtigen Themen wie Versicherungen und Finanzen nicht.

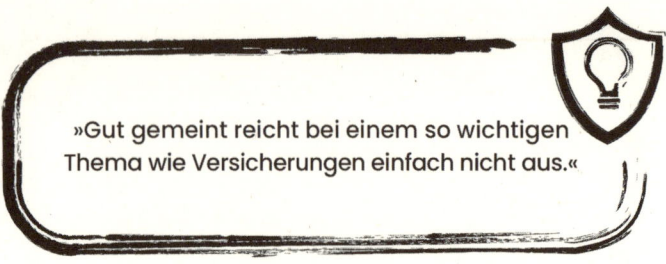

»Gut gemeint reicht bei einem so wichtigen Thema wie Versicherungen einfach nicht aus.«

Und dennoch wirst du von dieser Seite vermutlich am stärksten in deinen Entscheidungen beeinflusst. Bewusst oder unbewusst. Und auch dies muss dir eben klar sein. Seinen Eltern und dem persönlichen Umkreis dies klarzumachen, ist alles andere als einfach. Ich hoffe sehr, dass zum Beispiel deine Eltern mit Verständnis reagieren, wenn du ihnen mitteilst, dass du ihre Meinung zwar sehr schätzt, aber doch selbst in Erfahrung bringen möchtest, welche Versicherungen wirklich wichtig sind für dich und welche nicht. Und zwar zusammen mit jemandem, der tatsächlich Profi ist. Denn ihr – liebe Eltern – seid es nicht. Sollten deine Eltern zufällig das vorhin erwähnte Buch *Dein Ego ist dein Feind* gelesen haben, dann werden sie dies auch verstehen. Wenn nicht, kannst du es ihnen ja mal empfehlen. Denn auch Eltern sind nicht vor plötzlichen »Ego-Trips« geschützt. Vor allem dann nicht, wenn es um das eigene Kind geht.

Die folgende Geschichte kann dies vielleicht noch ein wenig verdeutlichen.

Es war Weihnachten vor einigen Jahren und die Söhne hatten sich im Haus der Eltern eingefunden. Es wurde gelacht, gegessen und getrunken. Und als dann die Zunge etwas lockerer war, hat einer der Söhne seinen Eltern plötzlich das Folgende gesagt: »Mama, Papa. Ich hab euch echt verdammt lieb. Aber die Glaubenssätze, die ihr mir zum Thema Geld, Finanzen und Unternehmertum für mein Leben mitgegeben habt, die waren echt richtig, richtig mies. Es hat einige Jahre gebraucht, diese alle wieder aus meinem Kopf zu hämmern und durch die richtigen und hilfreichen Glaubenssätze zu ersetzen.«

Dieser Sohn war ich. Und nach kurzer Stille und auch etwas Überraschung hat mich mein Vater in den Arm genommen und gesagt: »Ja, Bastian. Da hast du vermutlich recht. Aber wir wussten es damals eben auch nicht besser.«

»Das Problem ist nicht das Problem. Das Problem ist deine Einstellung zum Problem.«

Captain Jack Sparrow (*Fluch der Karibik*)

Manch einer mag das Thema rund um Glaubenssätze direkt in irgendeine spirituelle oder esoterische Ecke stellen. Dem ist absolut nicht so. Glaubenssätze, Mindset, unsere eigenen Meinungen über das Leben, über Menschen und Dinge beeinflussen jeden Tag jede Entscheidung, die wir fällen. Ob du das willst oder nicht. Und wenn du dennoch so denkst, dann hast du quasi die falschen Glaubenssätze zum Thema Glaubenssätze.

WARUM DU KOMPLEXE VERSICHERUNGEN IMMER MIT EINEM EXPERTEN ANGEHEN SOLLTEST

ltern und Co. sind also schon mal nicht die besten Ratgeber, wenn du dich mit dem Thema Versicherungen auseinandersetzt. Was bleibt dann noch? Du könntest noch zu den Verbraucherzentralen gehen. Die beraten ja unabhängig. Und übrigens auch ohne entsprechende Qualifikation.[22]

Die scheint auch oft denjenigen zu fehlen, die eine Beratung bei den Verbraucherzentralen empfehlen. Aber wie schon geschrieben: Es empfiehlt sich immer sehr leicht, wenn man die Suppe am Ende nicht auslöffeln muss, wenn diese komplett versalzen ist.

Wenn du bis hierhin gelesen hast, dann weißt du ja, dass ich an der ein oder anderen Stelle meinen Sarkasmus nicht im Zaum halten kann. Ich hoffe, du verzeihst mir das. Aber es ist manchmal echt nicht mehr zu fassen, wenn man selbst ein komplettes Bild auf eine Branche hat und sieht, was da jeden Tag so links und rechts abgeht.

Also, wir halten fest: Mitarbeiter von Verbraucherzentralen, die dich in Versicherungsangelegenheiten beraten, müssen keinen Nachweis erbringen, dass sie dafür auch qualifiziert sind. Auch müssen sie sich nicht – wie Versicherungsvermittler – mindestens 15 Stunden im Jahr genau in diesen Themen weiterbilden. Natürlich bilden sich Mitarbeiter von Verbraucherzentralen auch weiter. Das hoffe ich zumindest und hier gibt es ja auch interne Programme, die verpflichtend sind.

Auch hier gilt: Mir liegt es fern, irgendetwas schlechtzureden. Aber du musst eben wissen, was du bekommst – und was nicht. Immerhin bezahlst du ja auch aus deiner eigenen Tasche für eine Beratung bei den Verbraucherzentralen. Und wer vermutet hier denn schon eine Fehlberatung am Ende des Tages? Die heißen ja immerhin »VERBRAUCHERzentrale«. Du als Verbraucher kannst das selten bewerten. Außer du hast dich eben schon ein wenig »aufgeschlaut«.

Du hast gerade bereits erfahren, dass sich Versicherungsvermittler regelmäßig weiterbilden müssen. Nach aktueller Gesetzeslage (2021) müssen pro Jahr mindestens 15 Stunden an Weiterbildung nachgewiesen werden können. Das besagt nämlich die europäische IDD (Insurance Distribution Directive). Diese wurde in Deutschland im Dezember 2018 über die Versicherungsvermittlungsverordnung (VersVermV) in nationales Recht umgesetzt. Und genau dort steht das mit der Weiterbildung auch drin. Und wenn der oder die Versicherungsvermittler/-in mal geprüft wird und die Weiterbildungszeit nicht entsprechend nachgewiesen werden kann, dann kann die Zulassung als Versicherungsvermittler/-in ganz schnell weg sein.

Hier kommt also allein schon von rechtlicher Seite enormer Druck, dass man sich weiterbilden muss.

Wie sieht es nun mit einem allgemeinen Qualifikationsnachweis aus? Mitarbeiter von Verbraucherzentralen brauchen diesen nicht, wie du bereits erfahren hast. Grund hierfür ist übrigens, dass eine Zulassung nicht nötig ist, weil Verbraucherzentralen keine Gewinnerzielungsabsicht haben. So zumindest die herrschende Meinung.[23]

Wenn man allerdings danach geht und sich dann mal die Durchschnittseinkommen der Versicherungsvermittler in Deutschland anschaut, dann kann man hier auch einigen die fehlende Gewinnerzielungsabsicht unterstellen, ergo (Achtung, wieder ein Wortspiel) dürfte auch hier kein Qualifikationsnachweis erforderlich sein.[24]

Das ist natürlich keine ernst gemeinte Argumentation meinerseits. Ich wollte hier nur ebenfalls darauf hinweisen, dass ein großer Teil der Versicherungsvermittler alles andere als volle Taschen hat.

Was dagegen ein absoluter Fakt ist, ist, dass jeder, der Versicherungen vermitteln will, einen entsprechenden Qualifikationsnachweis erbringen muss. Gegenüber der jeweils zuständigen IHK muss der sogenannte Sachkundenachweis erbracht werden.[25]

Ohne diesen gibt es keine Zulassung als Versicherungsvermittler nach Paragraf 34d Gewerbeordnung. Diesen Nachweis kann man zum

Beispiel über eine Ausbildung zum Kaufmann für Versicherungen und Finanzen erlangen. So war es bei mir der Fall. Oder auch durch ein entsprechendes Studium. Oder zum Beispiel über mehrwöchige Seminare, an deren Ende ebenfalls eine Sachkundeprüfung zum geprüften Versicherungsfachmann (IHK) ansteht. (Diese Bezeichnung wird vermutlich bald anders lauten. Aktuell, da ich dieses Buch schreibe, heißt sie aber noch so.) Also, ohne Prüfung geht's nicht in diesem Beruf und du darfst keine Versicherungen vermitteln. Aber das war längst noch nicht alles.

Des Weiteren ist ein sauberes polizeiliches Führungszeugnis nötig. Damit bleiben die größten Schlawiner schon mal draußen.

Und dann hätten wir noch den Nachweis über eine bestehende Vermögensschadenhaftpflichtversicherung. Damit du Versicherungen vermitteln darfst, musst du also erst mal eine Versicherung abschließen. Echt clever gemacht. Diese Versicherung ist in der Tat sehr wichtig. Für den Vermittler selbst wie auch für spätere Kunden. Sollte es nämlich tatsächlich mal zu einem Beratungsfehler kommen, durch welchen dem Kunden ein finanzieller Schaden entsteht, dann kann eben diese Vermögensschadenhaftpflichtversicherung einspringen. Somit wird sichergestellt, dass der Kunde auch wirklich eine Leistung erhält und der Vermittler nicht vor dem finanziellen Ruin steht. Fehler passieren. Irren ist menschlich. Nobody is perfect. Such dir einen dieser Sätze aus. Alle treffen zu. Und genau da ist dann so eine Versicherung einfach sinnvoll.

Aus dem gerade Erklärten kannst du vielleicht schon ableiten, dass es einen weiteren, sehr großen Unterschied zwischen Versicherungsvermittlern und zum Beispiel deinen Eltern oder Freunden gibt. Sie haften für ihre Aussagen und Empfehlungen in einer Versicherungsvermittlung beziehungsweise Beratung. Dieser Punkt ist mir jetzt immens wichtig, deswegen noch mal in anderen Worten: Da ist jemand, den du grundsätzlich vor Gericht zerren kannst, wenn er oder sie dir absoluten Mist angedreht hat. Dies wäre eine weitere Stelle im Buch, an der ich mir ein starkes Klicken in deinem Kopf erhoffe. Ein Schalter, der sich umlegt und auch umgelegt bleibt.

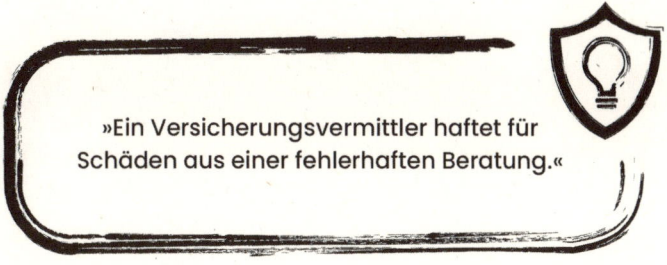

»Ein Versicherungsvermittler haftet für
Schäden aus einer fehlerhaften Beratung.«

Wenn du also die Wahl hast, warum (zum Geier) solltest du beim Thema Versicherungen auf jemanden hören, der für die Konsequenzen seiner Empfehlungen nicht einstehen muss, wenn es auf der anderen Seite jemanden gibt, der nicht nur wirklich Ahnung von dem Thema hat, sondern auch geradestehen muss für seine Empfehlungen?

Ist es nicht das Unlogischste überhaupt, hier auf jemand anderen zu hören?

Du bist noch nicht überzeugt? Vielleicht liegt es daran, dass du gerade denkst, dass dich der Vermittler ja dennoch irgendwie über den Tisch ziehen könnte. Und du es gar nicht merkst. Fairer Punkt. Wie du eine gute von einer schlechten Beratung unterscheidest, erkläre ich dir noch im weiteren Verlauf des Buches.

Aber gehen wir nun mal davon aus, dass du an einen echt guten Vermittler geraten bist. Der wirklich dich und deine Bedürfnisse im Fokus hat und der auch für seine Provision mehrere Jahre haftet: Was spricht dann noch dagegen?

Moment! Der Vermittler haftet für seine Provision? Was genau ist damit denn gemeint? Eine Tatsache, die in diesem Kontext den wenigsten bekannt ist. Vom Provisionsgeier haben wir alle schon mal gehört. Vermittler, die immer nur die Produkte anbieten, für die sie die meiste Kohle bekommen, die aber nicht unbedingt die besten Produkte für dich als Kunden sind.

> »Versicherungsvermittler haften teilweise **fünf oder mehr Jahre** für die erhaltene **Provision.** Kündigt ein Kunde innerhalb dieser Zeit, muss der Vermittler die erhaltene **Provision** anteilig zurückzahlen.«

Aber fast niemand erwähnt, dass der Vermittler, zum Beispiel beim Vermitteln einer Berufsunfähigkeitsversicherung, fünf oder noch mehr Jahre der sogenannten Stornohaftung unterliegt. Das bedeutet, dass der Versicherungsvermittler zwar seine Abschlussprovision (in den meisten Fällen vordiskontiert, also auf einmal) nach dem Abschluss erhält, aber eben weiterhin das Risiko mit sich trägt, dass er die Provision anteilig wieder zurückzahlen muss, wenn der Kunde sich dazu entscheidet, den Vertrag doch wieder zu kündigen. Schließt du zum Beispiel eine Berufsunfähigkeitsversicherung ab und kündigst diese nach einem Jahr wieder, dann muss der Versicherungsvermittler bei einer Stornohaftung von fünf Jahren in diesem Beispiel vier Fünftel der Provision wieder an den Versicherer zurückzahlen. Das ist ein wirtschaftlich betrachtet immens hohes unternehmerisches Risiko für den Vermittler. Ist es hier also denn nicht auch im Sinne des Vermittlers, dir das wirklich passende Versicherungsprodukt zu vermitteln, da er überhaupt keine Lust auf eine Kündigung des Vertrages deinerseits hat? Ich würde sogar noch einen Schritt weitergehen (verzeih mir – mal wieder – die sehr direkte Ausdrucksweise):

Jeder Versicherungsvermittler, jede Versicherungsvermittlerin da draußen, die dennoch nur auf die Provisionen und das schnelle Geld schaut, ist in meinen Augen einfach nur maximal dumm und unternehmerisch unfähig.

Wer so handelt, schießt sich perspektivisch ins eigene Bein. Zu 100 Prozent! Und ja, ich hoffe eben sehr, dass auch einige Menschen, die in der Versicherungsbranche als Vermittler arbeiten, sich dieses Buch kaufen, durchaus mal die eigenen Praktiken überdenken und hoffentlich auch einstellen, wenn damit nicht der Kunde in den Fokus gerückt wird.

Durch das Internet und teilweise auch durch meine Videos wird die Welt der Versicherungen immer transparenter und einfacher verständlich. Und wer wirklich will, findet so meist schnell heraus, ob das eigene Versicherungsprodukt, das er vermittelt bekommen hat, wirklich gut ist. Und wenn das nicht der Fall sein sollte, dann hagelt es eben einen »Storno« für den Vermittler.

Also noch mal zusammengefasst: Ein Versicherungsvermittler muss eine IHK-geprüfte Qualifikation nachweisen, muss sich jedes Jahr verpflichtend 15 Stunden weiterbilden, haftet für die Versicherungsvermittlung an sich und haftet zudem auch noch mit seinem Verdienst meist über mehrere Jahre.

Und dann gehen Menschen dennoch ins Internet und schließen wichtige und komplexe Versicherungen auf eigene Faust ab. Daran sieht man noch mal deutlich, wie wenig Vertrauen Versicherungsvermittlern wirklich geschenkt wird. Man riskiert lieber einen schlechten Versicherungsabschluss (weil man ja selbst nicht weiß, was man nicht weiß), anstatt sich einen Versicherungsexperten dazu zu holen, weil man Angst hat, dass man von diesem dann über den Tisch gezogen wird. Wie Oma es ja damals schon gesagt hat. Verrückte Welt.

Oder es liegt daran, dass viele das gerade Erklärte einfach nicht wissen. Du weißt es jetzt zumindest und kannst entsprechend (besser) handeln.

VERSICHERUNGEN ONLINE ABSCHLIESSEN – DAS MUSST DU BEACHTEN!

Heutzutage kann man fast alles über das Internet kaufen. So natürlich auch einige Versicherungen. Klick, klick und fertig. So einfach kannst du teilweise eine Versicherung online abschließen. Die Frage ist nun allerdings, ob du dies auch wirklich tun solltest beziehungsweise auf was genau du achten solltest, wenn du Versicherungen online abschließt.

So viel vorab: Meiner Meinung nach kannst du durchaus verschiedene Versicherungen online abschließen. In vielen Fällen geht es schneller und einfacher als über klassische Versicherungsvertriebswege. Die letzte Versicherung, die ich online abgeschlossen habe, war zum Beispiel eine Auslandsreisekrankenversicherung für meine Frau. Solltest du aber jetzt wirklich jede Versicherung online abschließen? Das wäre möglicherweise nicht so clever.

Frage dich doch einmal selbst, welche Dinge du regelmäßig im Internet kaufst. Wahrscheinlich sind dies – wie bei mir auch – Dinge des täglichen Gebrauchs. Mal ein Buch, mal ein Ladekabel oder auch neue Kopfhörer. Es gibt aber meist eine individuelle Preis-Schmerzgrenze für Dinge, die wir online bestellen. Ich vermute mal, dass die wenigsten von uns sich online ein Auto bestellen würden, ohne es zuvor mal live gesehen zu haben oder mal eine Probefahrt gemacht zu haben. Ich will damit nicht sagen, dass es überhaupt keine Menschen gibt, die einfach mal so ein Auto ohne Besichtigung und Co. online bestellen. Nur wird es nicht die Masse der Menschen sein.

Wenn wir eine große Summe ausgeben, dann brauchen wir etwas ganz Bestimmtes. Etwas essenziell Wichtiges für oder eben auch gegen die Kaufentscheidung: Sicherheit. Wir brauchen die Sicherheit, dass das, was wir uns hier kaufen wollen, auch das viele Geld wert ist, das wir ausgeben. Dass wir auch wirklich das bekommen, was wir uns vorstellen. Und wenn wir dieses Gefühl der Sicherheit nicht vor einem Vertragsschluss haben, dann stehen die Chancen sehr gut, dass es zu keinem Kauf kommen wird. Und je höher der Preis, desto stärker ist das Verlangen nach eben diesem Sicherheitsgefühl.

Nun möchte ich versuchen, dieses Prinzip auf den Abschluss von Versicherungen umzumünzen. Solltest du jetzt also vorhaben, zum Beispiel eine private Haftpflichtversicherung online abzuschließen, dann müssen wir Folgendes betrachten: zum einen natürlich den Preis der Versicherung. Dieser wird bei einer privaten Haftpflichtversicherung so bei circa 90 Euro im Jahr liegen. Mal mehr, mal weniger. Je nach Versicherer, Tarif und Leistungsumfang. Wenn wir davon ausgehen, dass du diese Versicherung bis an dein Lebensende haben wirst (und dieses mit 80 Jahren eintreten wird) und du heute 20 Jahre alt bist, dann ergibt sich über die Laufzeit ein Beitrag von 5.400 Euro. Das ist wirklich nur sehr grob gerechnet, ohne eventuelle Beitragssteigerungen oder Ähnliches. Es geht mir hier nur darum, dass du ein Gefühl dafür bekommst, was eine private Haftpflichtversicherung so über die Jahre kosten kann.

Diese Summe liegt vermutlich weit unter dem, was du für ein brandneues Auto ausgeben würdest. Das Sicherheitsgefühl, das du für die Kaufentscheidung brauchst, wird vermutlich auf einer mittleren Ebene liegen. Durch Online-Vergleichsrechner und Gegenüberstellungen von Leistungen und Preisen kannst du dir noch mal mehr Sicherheit für deine Entscheidung holen. Und wenn du dich im Vorfeld informiert hast, welche Leistungsbausteine wirklich wichtig sind bei einer privaten Haftpflichtversicherung (siehe früheres Kapitel), und du auch einen »Top-Schutz-Tarif« ausgewählt hast, dann steht dem Online-Abschluss dieser Versicherung vermutlich nicht mehr viel im Wege.

Und tatsächlich sehe ich dies persönlich ähnlich – zumindest bei bestimmten Versicherungen (zum Beispiel private Haftpflichtversicherung, Hausratversicherung, Rechtsschutzversicherung, Kfz-Versicherung, Auslandsreisekrankenversicherung und andere). All diese Versicherungen haben eines gemeinsam: Sie sind extrem gut vergleichbar, da es nahezu keine individuellen Komponenten wie zum Beispiel deinen persönlichen Gesundheitszustand, deinen Beruf, dein Einkommen und so weiter gibt. Und diese gute Vergleichbarkeit ermöglicht es eben auch einem Versicherungslaien, eine solide »Online-Entscheidung« für (oder gegen) einen Tarif zu treffen. Solltest du aber an einen Punkt kommen, an dem du dir doch nicht sicher bist, ob du Versicherung XY wirklich online abschließen solltest, dann hol dir auf jeden Fall einen Experten mit dazu. Alles andere wäre sonst wieder grob fahrlässig gegenüber deiner eigenen finanziellen Existenz – denn um deren Absicherung geht es ja.

Und bevor ich dir gleich erkläre, welche Versicherungen du nicht online abschließen solltest, hier noch ein weiteres »Klick«, das ich mit den nachfolgenden Informationen hoffentlich in deinem Kopf auslösen kann.

»Online kaufen ist immer günstiger!« So denken zumindest viele Menschen und in vielen Fällen trifft dies auch zu. Wenn Produkte online verkauft werden, dann spart man sich oft Kosten, die bei einem stationären Vertrieb anfallen würden. Kosten für Ausstellungsräume, Mitarbeiter, die beraten, und so weiter. Hier kann man also durchaus sparen, wenn man online kauft. Aber wie sieht es bei Versicherungen aus? Hier könnte man ja erst mal vermuten, dass der Online-Abschluss von zu Hause aus auf einem Vergleichsportal günstiger sein muss, als wenn ich zum Versicherungsbüro um die Ecke gehe. Da muss es ja teurer sein, denn die Büromiete, die Mitarbeiter, die dort jeden Tag sitzen, die Büroausstattung und so weiter müssen finanziert werden.

Tatsächlich sieht die Welt bei Versicherungen etwas anders aus. Was nämlich das Online-Vergleichsportal und das Versicherungsbüro um die Ecke gemeinsam haben, ist, dass beide rechtlich Versicherungsvermittler sind. In den meisten Fällen sind Versicherungsvergleichsportale sogenannte Versicherungsmakler nach Paragraf 34d Gewerbeordnung. Schau doch einfach mal ins Impressum der einschlägigen Portale. Und das Versicherungsbüro – wenn es ein Versicherungsmakler ist – ist rechtlich betrachtet exakt das Gleiche. Und das bedeutet eben, dass sich beide auch an die gleichen Vorschriften, Gesetze und so weiter halten müssen. Und ein Vergleichsportal verdient genauso eine Provision für den Abschluss der im Beispiel genannten privaten Haftpflichtversicherung wie der Versicherungsmakler vor Ort. Mit dem kleinen, aber feinen Unterschied, dass du selbst den größten Teil der Arbeit beim Online-Abschluss übernommen hast. Vom Geschäftsmodell her einfach genial. Und einen Teil des Risikos trägst du natürlich auch mit, da du vermutlich »per Klick« auch ausdrücklich auf eine Beratung verzichtet hast.

Einige Online-Vergleichsportale werben auch mit einer »Nirgendwo-günstiger-Garantie«. Und wenn es den Tarif tatsächlich irgendwo günstiger gibt, wird dir die Differenz erstattet. Genau bei diesen Themen geraten Versicherungsvergleichsportale immer wieder in den Fokus von Verbraucherschützern und das Thema »Provisionsweitergabeverbot« ploppt hier auf. Gleiches gilt auch, wenn zum Beispiel mit einem Amazon-Gutschein geworben wird, den du bei Abschluss mit dazubekommst.

Erst im Februar 2020 wurde ein »Jubiläums-Deal« von Check24 als Verstoß gegen das Provisionsweitergabeverbot eingestuft.[26]

Check24 hatte versprochen, dass man eine Versicherung bis zu zwölf Monate gratis bekommen kann, wenn man im Zeitraum vom 20.09. bis 10.10.2018 eine entsprechende Versicherung abschließt. Die Kunden haben dann bis zu einen kompletten Jahresbeitrag erstattet bekommen. Check24 hatte versucht, das Provisionsweitergabeverbot dadurch zu umgehen, dass die Prämie nicht für den Abschluss der Versicherung gezahlt werden sollte, sondern quasi eine Belohnung für das Eröffnen eines Kundenkontos war. Weiterhin wurde der Bonus auch nicht von der Check24-Versicherungsmaklerfirma ausgeschüttet, sondern von der Mutterfirma.

Die Richter sahen dies allerdings anders, stuften diese Aktion als rechtswidrig ein und untersagten Check24, künftig weitere solcher Aktionen durchzuführen.

Sind Online-Vergleichsportale für Versicherungen deshalb jetzt schlecht oder nicht zu empfehlen? Nein. In meinen Augen schaffen es diese Marktteilnehmer sehr gut, bisher sehr undurchsichtige Versicherungsbedingungen so darzustellen, dass auch ein Nicht-Profi Tarife vergleichen kann und einfacher eine für sich passende Entscheidung treffen kann.

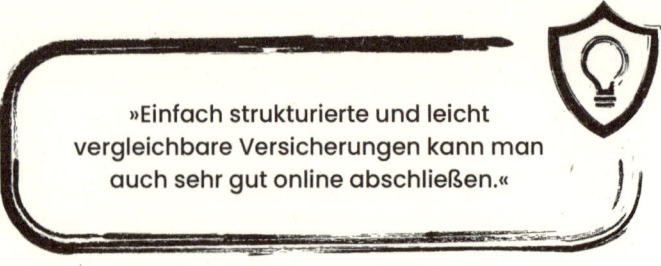

»Einfach strukturierte und leicht vergleichbare Versicherungen kann man auch sehr gut online abschließen.«

Die Praktiken, die hier teilweise angewandt werden, muss und kann ich allerdings nicht gutheißen. Aber hier gilt wohl einfach das Prinzip von Charlie Sheen aus *Two and a Half Men*: »Nicht vorher um Erlaubnis fragen, sondern im Nachhinein um Entschuldigung bitten.«

An der Stelle möchte ich auch noch anfügen, dass du bitte niemals einen finanziellen Anreiz wie zum Beispiel einen Amazon-Gutschein maßgeblich darüber entscheiden lassen solltest, welchen Versicherungstarif du abschließt. Das kannst du bei deinem Handytarif machen, aber bitte nicht, wenn es um die Absicherung von Risiken geht.

Also, Versicherungs-Vergleichsportale sind nicht böse und du kannst einfach strukturierte Versicherungen durchaus dort abschließen. Aber wie sieht es nun mit den komplexeren Versicherungen aus? Kannst du und solltest du auch eine Berufsunfähigkeitsversicherung, eine private Krankenversicherung oder eine private Rentenversicherung online abschließen?

Mal davon abgesehen, dass dies teilweise heute noch gar nicht zu 100 Prozent online geht, stellt sich dennoch die Frage, ob hier ein Vergleichsportal oder eine Versicherungs-App die richtigen Ansprechpartner sind oder nicht.

Und auch hier möchte ich wieder auf das eingangs genannte Beispiel mit dem Autokauf zurückkommen. Nehmen wir jetzt einmal an, du überlegst, eine Berufsunfähigkeitsversicherung abzuschließen. Vielleicht hast du auch schon mal auf einer Versicherungs-Vergleichsplattform nachgeschaut, was dich eine Berufsunfähigkeitsversicherung so kosten würde. Das machen übrigens knapp 90 Prozent unserer Kunden. Sie schauen im Vorfeld auf Online-Plattformen, buchen aber dann eine Online-Beratung bei uns. Warum? Wenn man doch auch auf der Plattform teilweise online abschließen und sich zum

Beispiel telefonisch beim Abschluss beraten lassen kann? Dazu gleich mehr.

Nehmen wir nun mal an, dass deine Berufsunfähigkeitsversicherung 100 Euro im Monat kosten würde. Damit sind 1.500 Euro Berufsunfähigkeitsrente abgesichert. Unser Beispielkunde ist 20 Jahre alt und schließt die Berufsunfähigkeitsversicherung bis zum 67. Lebensjahr ab (das aktuelle Renteneintrittsalter). Auch hier halte ich die Rechnung sehr einfach und lasse Beitragserhöhungen, Anpassungen der Berufsunfähigkeitsrente und so weiter außen vor. Über die Jahre würde eine Summe von 56.400 Euro gezahlt werden. Durch diverse Anpassungen der Berufsunfähigkeitsrente über dein Leben hinweg noch einiges mehr. Hier sind wir dann schon eher in der Kategorie eines sehr schicken Neuwagens.

Wie sicher fühlst du dich nun also dabei, eine Versicherung mit diesen Kosten mal schnell online abzuschließen? Wie sicher bist du, dass du alles richtig gemacht hast? Wie sicher bist du, dass du bei den Gesundheitsfragen keinen Mist gebaut hast? Wie sicher bist du, dass der Anbieter, der beim Vergleich ganz oben steht, auch der richtige für dich ist? Die meisten unserer Kunden fühlen sich hier nicht so sicher. Deshalb buchen sie dann eine Beratung bei uns oder eben bei jemand anderem, dem sie bei dieser wichtigen Versicherung vertrauen.

Ich nehme übrigens nur deshalb immer mal wieder Bezug auf unsere Beratung und Co., um dir Einblicke in die Praxis geben zu können, damit du bestimmte Sachverhalte einfacher verstehen und nachvollziehen kannst. Du darfst und solltest mit deinen Versicherungsthemen immer zum Ansprechpartner/zur Ansprechpartnerin deines Vertrauens gehen.

Du solltest dir also auch hier die Frage stellen, mit welchem Weg du dich wohler und sicherer fühlst. Online-Abschluss mit (oder ohne) Unterstützung des Anbieters, wo du aber den oder die Berater vermutlich nicht kennst und nicht einschätzen kannst. Oder aber du schließt eine komplexe Versicherung dann doch mit dem/der Versicherungsexperten/-expertin deines Vertrauens ab. Der Beitrag wird für dich grundsätzlich der gleiche sein – bis auf mögliche Werbeaktionen des Anbieters, von welchen du dich in erster Linie eben nicht leiten lassen solltest. Auch wenn das viele Menschen (leider) weiterhin machen werden. »Du kannst nicht alle retten ...«, sagt meine Mama hier immer.

Übrigens können oft auch »ganz normale« Versicherungsvermittler bei zum Beispiel Sachversicherungen exklusive Sonderkonditionen oder bestimmte Deckungskonzepte anbieten, die es online gar nicht gibt. Das solltest du auch mal gehört haben.

> »Mit welcher Form des Abschlusses – selbst rein online oder mit einem persönlichen Ansprechpartner – fühlst du dich wirklich sicherer? Danach solltest du entscheiden.«

Fazit: Online-Abschluss von Versicherungen ist nicht nur in vielen Fällen möglich, sondern geht teilweise auch sehr einfach und dennoch ordentlich. Bei komplexen Versicherungsprodukten solltest du dir aber die Frage stellen, mit welcher Form des Abschlusses du dich selbst dann doch wohler fühlst. Wo bekommst du genau das Level an Sicherheitsgefühl, das du brauchst?

DER »VERSICHERUNGSMAKLER VON DER ALLIANZ« ODER: WARUM VERSICHERUNGSVERMITTLER NICHT GLEICH VERSICHERUNGSVERMITTLER IST

In diesem Kapitel möchte ich dir nun (endlich) die verschiedenen Gattungen von Versicherungsvermittlern vorstellen. Das Thema ist scheinbar so schwierig zu verstehen, dass sogar TV-Sendungen und Zeitungen regelmäßig die entsprechenden Begrifflichkeiten falsch verwenden und Millionen von Menschen dies dann natürlich auch für sich übernehmen. Du wirst nach diesem Kapitel definitiv nicht mehr zu diesen Menschen gehören.

Ich erinnere mich an eine E-Mail, die ich vor einigen Monaten bekommen habe. Es fragte jemand an, ob wir mal die Angebote prüfen könnten, die er in seinem letzten Beratungsgespräch bekommen hatte. Er war sich nicht so ganz sicher, ob das alles so passt. Und ganz unten hatte er noch angefügt, dass das Gespräch mit einem Versicherungsmakler von der Allianz stattgefunden hatte. Nehmen wir jetzt mal an, dass der betreffende Berater seinem Kunden nichts vom Pferd erzählt hat über seinen Status als Vermittler (dieser muss nämlich immer im Vorfeld einer Beratung dem Kunden mitgeteilt werden – nennt sich Erstinformation), dann kann es schlichtweg nicht sein, dass diese Person ein Gespräch mit einem Versicherungsmakler von der Allianz hatte. Denn einen solchen gibt es einfach nicht. Was die Person vermutlich meinte, war, dass ein Versicherungsvertreter von der Allianz bei ihm war. So stimmt es dann. Ein Versicherungsmakler kann nämlich nie nur von einer Versicherung sein. Darf er rechtlich gar nicht. Aber schauen wir uns doch die verschiedenen Vermittlertypen mal genauer an. Über allem steht der Versicherungsvermittler. Das ist quasi die Bezeichnung, die alle nachfolgenden einschließt. Das heißt zum Beispiel: Jeder Versicherungsmakler ist Versicherungsvermittler, aber nicht jeder Versicherungsvermittler ist auch Versicherungsmakler.

Die verschiedenen Vermittlungs-/Beratungsformen:

Ich möchte jetzt hier keine juristische Abhandlung über die verschiedenen Vermittlungsarten und Formen der Beratung schreiben mit zig

Paragrafen und Formulierungen, die wieder kein Mensch versteht. Davon gibt es bei Versicherungen definitiv schon mehr als genug. Die nachfolgenden Erklärungen habe ich bewusst sehr einfach und kurz gehalten, sodass du damit einen guten Überblick bekommst und jede einzelne Vermittlungsform künftig entsprechend einsortieren kannst. Wenn du es genau wissen willst, dann kannst du auch mal in den Paragrafen 59 Versicherungsvertragsgesetz hineinschauen. Die Grafik hilft dir bezüglich der besseren Einordnung hoffentlich ebenfalls. Die nachfolgend verwendete Abkürzung »GewO« steht für »Gewerbeordnung«.

Versicherungsvertreter (§ 34d Abs. 1, Satz 2, Nr. 1 GewO)

Versicherungsvertreter, auch Ausschließlichkeitsvermittler oder Ausschließlichkeitsvertreter, ist, wer von einem Versicherer beauftragt wurde, Versicherungsverträge gewerbsmäßig zu vermitteln oder abzuschließen. Hiermit ist zum Beispiel der klassische Allianz-Vertreter gemeint. Er vertritt die Versicherung. Daher auch der Name. Das Beispiel mit dem Allianz-Vertreter habe ich nur deshalb gewählt, weil damit eigentlich fast jeder was anfangen kann. So hast du ein konkretes Bild vor Augen. Auftraggeber ist hier quasi der Versicherer. An dessen Weisungen ist der Vertreter auch gebunden. Vergütet wird der Versicherungsvertreter in der Regel über eine Provision bei erfolgreichem Abschluss eines Vertrages und eventuellen jährlichen sogenannten Bestandsprovisionen für die Betreuung der Kunden beziehungsweise deren Verträgen.[27]

Mehrfachagent (§ 34d Abs. 1, Satz 2, Nr. 1 GewO)

Der Mehrfachagent agiert sehr ähnlich wie der Versicherungsvertreter. Er ist auch Versicherungsvertreter – nur eben nicht nur für ein Versicherungsunternehmen, sondern für mehrere. Er unterliegt nicht dem Wettbewerbsverbot, denn nur so kann er ja auch unterschiedliche Versicherer anbieten. Die Vergütungsform ist die gleiche wie beim Versicherungsvertreter.[28]

Versicherungsmakler (§ 34d Abs. 1, Satz 2, Nr. 2 GewO)

Beim Versicherungsmakler sehen einige Punkte dann doch etwas anders aus. Zum einen die rechtliche Stellung. Der Versicherungsmakler steht auf der Seite des Kunden, ist sogenannter Sachwalter des Kunden und wird vom Kunden beauftragt, den passenden Versicherungsschutz zu besorgen. Deswegen ist der Versicherungsmakler auch an kein Versicherungsunternehmen gebunden (spätestens jetzt dürfte glasklar sein, warum es den »Versicherungsmakler von der Allianz« nicht geben kann). Damit wird auch deutlich, dass der Versicherungsmakler auf eine sehr breite Palette von Versicherungen zugreifen kann, um am Ende den passenden Versicherer und Tarif für den Kunden herauszusuchen. Aber auch er kann nicht komplett auf alle Versicherer am Markt zugreifen, da es manche Versicherer gibt, die ausschließlich über den hauseigenen Vertrieb oder nur online entsprechende Versicherungsverträge vermitteln. Bei der Vergütung des Versicherungsmaklers muss man mittlerweile zwei Formen unterscheiden.[29]

- *Provisionsbasis*
  Die erfolgsorientierte Vergütung ist nach wie vor die gängigste Vergütungsform bei Versicherungsvermittlern und so eben auch beim Versicherungsmakler. Nur wenn der passende Versicherungsschutz erfolgreich vermittelt wurde, verdient der Versicherungsmakler auch sein Geld. Mit eben auch den zuvor genannten Restriktionen, was zum Beispiel die Stornohaftung angeht (gilt auch für Versicherungsvertreter/Mehrfachagenten). Und an dieser Form der Vergütung ist auch überhaupt nichts Verwerfliches dran, auch wenn du wahrscheinlich bisher viel anderes dazu gehört hast. Aber auch dazu werde ich anschließend ein paar Worte schreiben.

- *Honorarvereinbarung*
  Ein Versicherungsmakler hat auch die Möglichkeit, sich zum Beispiel über ein Stundenhonorar für die Beratung (mit dem Ziel eines Vertragsabschlusses) vergüten zu lassen oder auch über eine separat geschlossene Vergütungsvereinbarung bei

zum Beispiel der Vermittlung von Direktversicherungen oder sogenannten Nettotarifen (Tarife ohne Provision).[30]

Wichtig ist hierbei, dass im Vorfeld der Beratung offengelegt wurde, wie der Vermittler genau vergütet wird. Dies ist eine gesetzliche Pflicht des Versicherungsvermittlers. Welche Form für dich dann am besten passt, schauen wir uns ebenfalls im nächsten Kapitel an.

Honorar-Finanzanlagenberater (§ 34h Abs. 1 GewO)

Wie der Name schon sagt, berät dich ein Honorar- und Finanzanlagenberater ausschließlich gegen ein entsprechendes Honorar. Dieses wird mit dem Kunden vorab vereinbart. Meist geht es hier aber nicht um die Beratung in Versicherungsangelegenheiten, sondern vielmehr um Geldanlage. Der Vollständigkeit halber wollte ich ihn aber nicht unerwähnt lassen.[31]

Versicherungsberater/Honorarberater (§ 34d Abs. 2 GewO)

Hast du deinen Versicherungsvertreter auch mal als »Versicherungsberater« bezeichnet? Dann war das fachlich nicht korrekt. Ein Versicherungsberater ist tatsächlich eine Gattung für sich. Der Versicherungsberater berät Kunden auch in rechtlicher Hinsicht beim Abschluss von Versicherungen und kann seine Kunden zudem außergerichtlich vertreten. Er kann außerdem bei der Wahrnehmung von Ansprüchen aus Versicherungsverträgen helfen, wenn es zum Beispiel Probleme mit der Versicherung gibt. Seine Vergütung erhält er ausschließlich vom Kunden selbst, also seinem Auftraggeber. Dies ist zumeist ein vorher vereinbartes Honorar.[32]

Ich hoffe wirklich, dass ich es schaffen konnte, dir einen kleinen Überblick über die verschiedenen Formen der Beratung bei Versicherungen zu geben. Zudem habe ich mich bemüht, die einzelnen Beratungsformen so wertungsfrei und objektiv wie möglich aufzuzeigen und mich auf die rechtlichen Grundlagen zu beschränken. Wie du vielleicht mittlerweile weißt, ist mein Unternehmen ein Versicherungsmakler, beziehungsweise wir agieren als Versicherungsmakler. Und natürlich hatte ich sehr viele Gründe, warum ich hier die Form des Versicherungsmaklers gewählt habe, hätte ich doch auch all die anderen Formen wählen können. Und ich möchte ganz offen zu dir sein, da ich weiß, dass da draußen die Ersten schon anfangen, Beschwerdebriefe in meine Richtung zu schreiben, weil ich IHRE Form der Versicherungsvermittlung in ihren Augen nicht gut genug herausgestellt habe. Wenn man ein Buch über Versicherungen schreibt, wenn man jeden Tag Content zum Thema Versicherungen zur Verfügung stellt, dann lernt man eine Sache sehr schnell: Egal wie du es machst, irgendeinem passt es nicht. Irgendjemand fühlt sich auf den Schlips getreten.

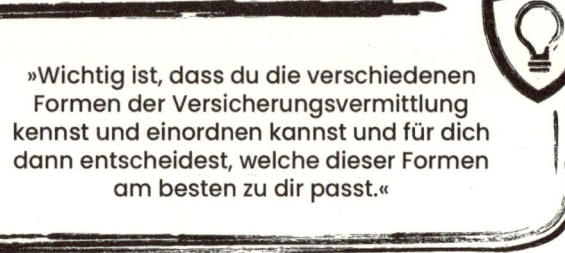

»Wichtig ist, dass du die verschiedenen Formen der Versicherungsvermittlung kennst und einordnen kannst und für dich dann entscheidest, welche dieser Formen am besten zu dir passt.«

In erster Linie bin ich der Mensch Bastian Kunkel. Dann bin ich der Unternehmer Bastian Kunkel. Und der Unternehmer in mir sagt, dass ich frei, unabhängig von irgendwelchen Vorgaben von Vorgesetzten oder Vertriebsvorschriften, handeln will. Immer den Kunden im Fokus und was er braucht oder haben möchte. Nur so macht es mir Spaß, nur so kann ich wirklich frei sein in meinen Entscheidungen. Und deswegen habe ich mich für die Form des Versicherungsmaklers entschieden. Rechtlich stehen ich und meine Berater auf der Seite des Kunden. Für mich persönlich eine unglaublich wichtige Komponente. Wir können uns maximal auf die Bedürfnisse und Wünsche der Kunden einstellen und müssen nicht auf irgendwelche Entscheidungen warten, die von oben kommen. Es hat schon einen Grund, warum wir bereits seit fast fünf Jahren ausschließlich Online-Beratung anbieten und die meisten anderen erst seit der Corona-Krise damit angefangen haben. Wir wollen Innovationstreiber sein und vorangehen. Wir wollen uns immer wieder neu erfinden für unsere Kunden und zukünftigen Kunden. Ich kann als Unternehmer nicht auf andere warten (was langwierige, interne Entscheidungsstrecken bedeutet). Ich muss selbst entscheiden können und die 100-prozentige Kontrolle und damit auch die 100-prozentige Verantwortung haben.

Und das ist die komplett offene und ehrliche Antwort auf die Frage, warum wir Versicherungsmakler sind.

Das heißt nicht, dass die anderen Formen der Beratung weniger wert wären. Auf gar keinen Fall. Wer das behauptet, sagt in meinen Augen nicht die Wahrheit. Auch wer behauptet, dass Versicherungsmakler oder auch Versicherungsvertreter nicht unabhängig (im Sinne von nur auf den eigenen Vorteil bedacht) beraten würden, weil sie ja eine Provision für den Abschluss bekommen und deswegen immer auf den Abschluss drücken würden, spricht nicht die Wahrheit. Wer so was sagt, pauschalisiert und trägt somit (bewusst oder unbewusst) mit dazu bei, dass der Ruf einer der wichtigsten Branchen in Deutschland weiterhin schlecht bleibt. Das kann ich nicht gutheißen und deswegen schauen wir uns die Thematik mit der Unabhängigkeit und den Provisionen jetzt mal etwas genauer an.

WER PROVISIONEN BEKOMMT, BERÄT UND VERMITTELT NICHT UNABHÄNGIG?!

*D*ieses Kapitel zu schreiben fällt mir persönlich richtig schwer. Nicht deshalb, weil ich nicht weiß, was ich hierzu genau schreiben soll, sondern weil es natürlich sehr einfach ist, mir zu unterstellen, dass ich an dieser Stelle nicht objektiv genug bin. Ich beziehungsweise meine Firma verdient ihr Geld ja unter anderem eben mit Provisionen, die wir für die Vermittlung des passenden Versicherungsschutzes für unsere Kunden bekommen. Ist ja klar, dass ich jetzt hier irgendwas Megapositives über Provisionsberatung schreiben muss. Ich nehme es dir überhaupt nicht übel, wenn du gerade so denkst. Wieso solltest du auch was anderes denken? Es gibt leider eben genug Beispiele aus der Vergangenheit, in denen Berater von Gier und hohen Provisionen geleitet wurden und eben nicht der Kunde im Mittelpunkt stand. Das kann und sollte man weder schön- noch wegreden. Das ist ein Fakt. Und ja, auch heute passiert dies noch. Auch das ist ein Fakt. Vielleicht nicht mehr in dem Umfang wie noch vor ein paar Jahren, da sich auch einige Gesetze geändert haben, neue (sehr viele) Regularien für Versicherungsvermittler hinzugekommen sind und es für »schwarze Schafe« immer schwieriger wird, in einem derartigen Marktumfeld lange zu bestehen.

> »Ein wirklich guter Versicherungsvermittler wird dich immer unabhängig von seiner Vergütungsform beraten. Oder in anderen Worten: **Die Form der Vergütung entscheidet grundsätzlich nicht darüber, ob du eine gute oder schlechte Beratung bekommen wirst.**«

Mir liegt es fern, irgendjemanden überreden oder überzeugen zu wollen, dass es da draußen sehr viele Versicherungsvermittler gibt, die – trotz der Vergütung über Provisionen (oder vielleicht sogar genau deswegen?!) – ihre Kunden extrem gut und maximal kundenorientiert beraten. Denn es geht hierbei nicht darum, zu erklären, wie die Dinge sind – denn das ist eigentlich offensichtlich: Es gibt jede Menge Versicherungsvermittler, welche ihr Einkommen über Provisionen bestreiten, bei jedem einzelnen Kunden einen top Job machen und auch mal zwei oder drei Stunden beraten, ohne am Ende eine Versicherung zu vermitteln.

Weil es einfach nicht gepasst hat. Weil es für den Kunden dann doch keinen Sinn gemacht hat, eine neue oder andere Versicherung abzuschließen. Und dann hat der Versicherungsvermittler nichts verdient. Hat quasi kostenlos gearbeitet. Und das ist absolut normal und gehört in meinen Augen mit zum Berufsrisiko. Wieso sollte ein unternehmerisch, langfristig denkender Vermittler auch irgendwas vermitteln, das der Kunde eigentlich gar nicht braucht, das vom Kunden dann wieder gekündigt wird, sodass die Provision zurückgezahlt werden muss und der Kunde all seinen Bekannten rät, bloß nicht zu diesem Versicherungsvermittler zu gehen, denn der verkauft dir nur Sachen, die du nicht brauchst? Warum sollte all dies ein halbwegs geradeaus denkender Versicherungsvermittler tun? Macht es nicht viel mehr Sinn, immer nur im Sinne des jeweiligen Kunden zu beraten und die Versicherungen zu vermitteln, die er wirklich braucht? Damit der Kunde happy ist und er anderen auch davon erzählen wird, wie gut aufgehoben er sich beim entsprechenden Vermittler gefühlt hat, und der Vermittler eventuell sogar weiterempfohlen wird? Macht dies nicht unglaublich mehr Sinn? Wird nicht genau diese Vorgehensweise die am Ende langfristig erfolgreiche sein? Und kann es vielleicht sogar sein, dass eben genau der Vermittler weiterempfohlen wird, der nach drei Stunden Beratung dem Kunden sagt, dass all seine Versicherungen passen und er keine neue abschließen sollte? Weil er eben genau nicht dem Klischee des Vermittlers entspricht, welches wir alle im Kopf haben?

Du merkst, dass ich hier absichtlich viele Fragen gestellt habe, die du dir einfach mal selbst beantworten sollst. Schlüpfe doch einmal gedanklich ganz kurz in die Rolle des Versicherungsvermittlers. Was würdest du tun? Wie würdest du beraten und Versicherungen vermitteln?

Und jetzt die alles entscheidenden Fragen: Glaubst du (oder eben nicht), dass es genau solche Menschen, solche Versicherungsvermittler da draußen gibt? Die arbeiten und beraten, wie du es selbst vielleicht auch machen würdest? Weil es eben genau so richtig wäre. Und so sollte es sein. Genau das wird auf Kundenseite erwartet. Ob mit oder ohne Provision.

Die Wahrheit ist, dass es diese Versicherungsvermittler gibt. Du musst lediglich für dich entscheiden, ob du diese Tatsache annehmen willst oder nicht (hier sind wir wieder beim Thema Glaubenssätze). Und wenn du für dich die Entscheidung triffst, dass das, was ich hier geschrieben habe, auch der Wahrheit entspricht, dann kannst du so einen Versicherungsvermittler eben auch für dich selbst finden und kannst endlich diese künstlich erzeugte Angst, dieses überholte und pauschalisierte Vorurteil von den bösen »Provisionsgeiern«, die nur auf ihren eigenen Vorteil bedacht sind, ablegen.

Meine Mutter hat mir beigebracht, immer an das Gute im Menschen zu glauben und diesen Glauben auch nie zu verlieren. Auch wenn das zugegebenermaßen nicht immer einfach ist. Vor allem wenn man von Menschen und der Menschheit an sich schon oft enttäuscht wurde.

Und vielleicht hast du selbst auch wirklich mal eine schlechte Erfahrung gemacht mit einem Versicherungsvermittler. So etwas hinterlässt Spuren, keine Frage. Aber was ist die Alternative? Eine Versicherungsberatung gegen Honorar vielleicht? Diese wird ja oft als maximal unabhängig beschrieben, und von dort aus wird auch gerne gegen die Provisionsvermittlung geschossen. Nun, ich möchte jetzt nicht zurückschießen, denn jeder, der gegen andere schießt, hat anscheinend nur wenige eigene Argumente auf seiner Seite (sieht man oft in der Politik), aber ich möchte dir hier einfach mal ein paar Impulse mitgeben.

> *»Nur weil eine Versicherungsberatung beziehungsweise -vermittlung etwas kostet, heißt es noch lange nicht, dass diese auch gut war.«*

Das möchte ich als Aussage jetzt erst mal einfach so dastehen lassen.

Was genau meine ich damit? Gedanklich wird oft – nicht nur bei Versicherungen – der Fehler gemacht, dass eine Dienstleistung ja allein deswegen gut sein muss, weil man konkret etwas dafür bezahlt hat. Zum Beispiel ein Stundenhonorar. Also, ich weiß ja nicht, ob du mal ähnliche Erfahrungen gemacht hast, aber ich war mal bei einem Anwalt und habe mich mehrere Stunden beraten lassen, um dann festzustellen, dass das alles ziemlicher Käse war und ich fast eine folgenschwere unternehmerische Fehlentscheidung getroffen hätte. Bei der ich übrigens dann selbst die Konsequenzen hätte tragen müssen. Das Honorar habe ich auch nicht zurückbekommen.

Auch bei der Vermittlung von zum Beispiel einer Rentenversicherung kann es sein – je nachdem, was du mit dem Berater vereinbart hast –, dass dir eine Rentenversicherung vermittelt wird und die Vergütung des Vermittlers über eine separate Honorar- beziehungsweise Vergütungsvereinbarung geregelt wird. Und jetzt wird es spannend: Solltest du den Rentenversicherungsvertrag kündigen, weil du gemerkt hast, dass dieser doch nicht so gut ist, musst du dennoch die Vergütung des Vermittlers weiter bezahlen. Denn dies wurde mit einem separaten Vertrag geregelt. Nicht selten geht es dann um mehrere Tausend Euro.[33]

Ich sage jetzt nicht, dass das andauernd so gemacht wird oder die Regel ist, aber es lagen schon genügend dieser Fälle auf meinem Tisch. Wie kundenorientiert ist dies in deinen Augen? Wie sieht es hier mit der Motivation des Vermittlers aus, dir einen wirklich guten Vertrag zu vermitteln, wenn er weiß, dass er so oder so seine Vergütung bekommt, egal ob du den Vertrag wieder kündigst oder nicht?

Auf der anderen Seite gibt es eben genauso extrem gute Honorarberater beziehungsweise Versicherungsvermittler, die sich nicht über Provisionen vergüten lassen, sondern eben direkt über eine Vereinbarung mit dem Kunden. Wo alles passt, keine überteuerten Honorare abgerufen werden und am Ende auch ein wirklich gutes Produkt vermittelt beziehungsweise angeboten wird.

Am Ende kommt es also nicht auf die Form der Vergütung oder den Status des Versicherungsvermittlers an, ob du gut oder schlecht beraten wirst, sondern es kommt auf den Menschen an, der dir (in Person oder virtuell) gegenübersitzt. Kannst du dieser Person vertrauen? Hat er oder sie auch wirklich was auf dem Kasten? Stehen du und deine Wünsche im Mittelpunkt?

Und das ist nicht nur bei Versicherungen so, sondern gilt für eigentlich nahezu jeden anderen Dienstleistungssektor genauso.

WIE DU EINE SCHLECHTE BERATUNG ERKENNEN KANNST!

Nachdem ich hoffentlich erklären konnte, dass grundsätzlich nicht die eine Vermittlungs- beziehungsweise Beratungsform besser ist als die andere, schauen wir uns jetzt mal an, wie du selbst eine schlechte Beratung erkennen kannst. Wenn du eines oder mehrere der folgenden Anzeichen erkennst, dann solltest du dir womöglich sehr gut überlegen, ob du diese Beratung wirklich weiterführen möchtest.

Erstinformation wird nicht ausgehändigt

Es ist eine gesetzliche Vorgabe, dass dir ein Versicherungsvermittler beziehungsweise Berater vor dem Beginn der Beratung seine Erstinformation aushändigt. Dies kann zum Beispiel per E-Mail als PDF erfolgen oder du hast eventuell schon bei der Online-Terminbuchung bestätigt, dass du die Erstinformation gelesen und gespeichert hast. Dort findest du nicht nur die genaue Berufsbezeichnung des Vermittlers und seine Registernummer bei der IHK, sondern auch die Form der Vergütung. Die Erstinformation kann dir auch persönlich ausgedruckt vor dem Gespräch übergeben werden. Aber sie muss dir definitiv zugegangen sein, bevor eine Vermittlung beziehungsweise Beratung stattfindet. Wurde dies nicht gemacht, verstößt der Vermittler gegen geltendes Recht.

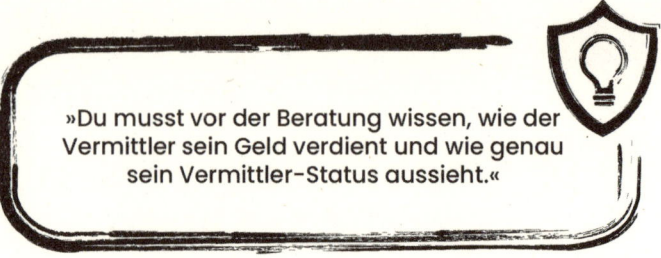

»Du musst vor der Beratung wissen, wie der Vermittler sein Geld verdient und wie genau sein Vermittler-Status aussieht.«

Künstlicher Zeitdruck

Ein Klassiker ist vermutlich die Schaffung von künstlichem Zeitdruck im Gespräch. Eigentlich hätte man fast alle Zeit der Welt, um eine bestimmte Versicherung abzuschließen, aber aus irgendwelchen Gründen sollst du noch unbedingt heute unterschreiben. Wenn dann auf deine Nachfrage nur fadenscheinige Argumente kommen, warum die Unterschrift heute gesetzt werden soll und es nicht auch noch nächste Woche reicht, wenn man sich noch mal ein paar mehr Gedanken zu dem Thema machen konnte, dann könnte hier gewaltig was schieflaufen. Selten ist wirklich echter Zeitdruck vorhanden beim Abschluss einer Versicherung. Außer du läufst gerade irgendwie noch ohne Krankenversicherung und ohne private Haftpflichtversicherung durchs Leben. Dann ist die Eile des Vermittlers durchaus berechtigt. Aber ansonsten erachte ich es sogar für sehr wichtig, dass man sich für den Abschluss zum Beispiel einer Berufsunfähigkeitsversicherung oder einer privaten Krankenversicherung viel Zeit nimmt. Nicht selten gehen diese Themen bei uns über mehrere Wochen. Nicht, weil wir (und andere da draußen) zu langsam arbeiten, sondern weil es einfach viele wichtige Dinge zu beachten gibt. Einmal müssen vielleicht Unterlagen vom Arzt oder der Krankenkasse angefordert werden, dann muss eine anonyme Risikovorabanfrage gestellt werden, um die Versicherbarkeit zu prüfen, und das ausführliche Besprechen von unterschiedlichen Tarifen kostet eben auch entsprechend Zeit.

> »Zeitdruck beim Abschließen einer Versicherung ist nie gut. Egal ob dieser vom Berater oder von dir selbst erzeugt wird.«

Grundsätzlich sollte eigentlich nie eine Versicherung unter Zeitdruck abgeschlossen werden. Tatsächlich verfallen auch oft Kunden in eine Art Zeitdruck, den sie sich selbst schaffen, weil sie das Thema einfach schnellstmöglich durchziehen wollen. Aber auch das ist keine gute Idee. Nimm dir für die Absicherung deines aktuellen Lebensstandards und deiner finanziellen Existenz immer ausreichend Zeit und setze hier bitte keine falschen Prioritäten.

Es werden keine Fragen gestellt

Damit herausgefunden werden kann, welche Versicherungen du wirklich brauchst oder welcher Schutz in deiner individuellen Situation tatsächlich Sinn macht, muss der Vermittler eine Sache sehr häufig tun: dir Fragen stellen. Anders geht es schlichtweg nicht. Nur so kann der passende Versicherungsschutz ermittelt werden. Werden dir keine Fragen gestellt, sondern wirst du irgendwie direkt in eine Art vorgefertigte Form gepresst, dann läufst du Gefahr, dass du am Ende nicht so abgesichert bist, wie es optimalerweise der Fall sein sollte. In der Ausbildung habe ich mal gelernt, dass der Versicherungsvermittler circa 20 Prozent der Zeit im Gespräch reden sollte (Fragen stellen) und der Kunde circa 80 Prozent der Zeit (Fragen beantworten). Aber das ist natürlich nur eine grobe Richtlinie. Am Ende ist es wichtig, dass dir die richtigen Fragen gestellt werden.

Fragen werden nicht beantwortet

Auf der anderen Seite ist es natürlich auch überhaupt nicht gut, wenn Fragen von deiner Seite nicht vom Vermittler beantwortet werden oder Fragen ausgewichen wird. Es ist nicht nur dein Recht, sondern in meinen Augen auch deine Pflicht, Fragen zum Versicherungsschutz, zum Versicherungsvertrag und so weiter zu stellen. Du sollst am Ende ja auch exakt wissen, warum du diese Versicherung abgeschlossen hast. Und das solltest du auch noch in fünf oder zehn Jahren wissen. Natürlich kann es sein, dass dein Vermittler eine bestimmte Frage ad hoc im Gespräch nicht beantworten kann. Das kann immer mal vorkommen und ist auch nicht schlimm. Niemand weiß alles. Mir ist das auch immer mal wieder passiert. Und in so einem Fall sollte dir der Vermittler sagen, dass er sich die Frage notiert hat, diese klären wird und dich zeitnah über die Antwort informieren wird. Antworten wie »Das ist nicht wichtig« sollten für dich als Kunden an der Stelle eher nicht zufriedenstellend sein.

Gesundheitsfragen werden ignoriert

Bei diesem Thema schnellt mein Puls regelmäßig auf 180 hoch. Wenn wir mal wieder mitbekommen, dass empfohlen wurde, dass man die Gesundheitsfragen beim Abschluss von zum Beispiel einer Berufsunfähigkeitsversicherung, Risikolebensversicherung oder privaten Krankenversicherung »einfach mal alle mit NEIN« beantworten soll. Auch hier hört man dann manchmal (leider) Sätze wie: »Das passt schon so!« Ich will hier keine Kollegen in die Pfanne hauen. Moment ... doch, an der Stelle will ich die Pfanne den Kollegen auch über die Rübe ziehen. Das hat nichts mit Kollegen-Bashing zu tun, sondern so was geht einfach nicht. Der Kunde ist hier am Ende dann der Leidtragende, wenn die Versicherung (zu Recht) nicht leistet, weil eventuell eine vorvertragliche Anzeigepflichtverletzung begangen wurde (es wurden unwahre Angaben im Antrag gemacht). Und das große Problem an der Stelle ist natürlich, dass du den Worten des Vermittlers bei diesem Thema tendenziell vertraust, wenn er oder sie sagt, dass das so schon passt. Nein, passt es eben nicht. Alle Ge-

sundheitsfragen müssen ausführlich, ordentlich und wahrheitsgemäß ausgefüllt werden.

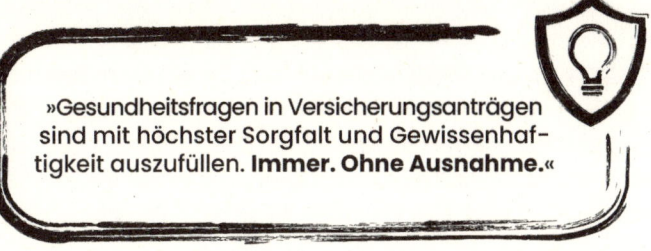

»Gesundheitsfragen in Versicherungsanträgen sind mit höchster Sorgfalt und Gewissenhaftigkeit auszufüllen. **Immer. Ohne Ausnahme.**«

Ansonsten kannst du es auch gleich lassen mit dem Abschluss einer derartigen Versicherung. Und auch hier kannst du deinen Berater dann getrost und mit absolut reinem Gewissen vor die Tür setzen.
Noch mal: Mir geht es hier darum, dass du dich in so einem Fall selbst
schützen kannst, weil du jetzt eben genau diese Dinge weißt, die du
gerade gelesen hast, falls du doch mal einen schlechten Berater abbe-
kommen solltest.

Alles kündigen und neu abschließen

Weiterhin sollten auch alle Alarmglocken bei dir losgehen, wenn direkt
mal querbeet empfohlen wird, alle bereits bestehenden Versicherungen zu kündigen und neu abzuschließen. Das wäre dann doch sehr,
sehr komisch. Vor allem dann, wenn eine entsprechende Begründung
für diese Vorgehensweise fehlt. Ich will an der Stelle nicht ausschließen, dass es durchaus sein kann, dass alle deine Versicherungen, die
du bisher abgeschlossen hast, echter Käse sind. Die Wahrscheinlichkeit, dass es wirklich so ist, ist aber doch eher gering. Aber komplett
auszuschließen ist es natürlich nicht. Manche Versicherungen solltest
du sowieso niemals vorschnell kündigen. Eine Berufsunfähigkeitsversicherung zum Beispiel. Denn wenn du diese kündigst, dann aber
keine neue mehr bekommst, weil dein Gesundheitszustand eventuell nicht mehr der beste ist, stehst du plötzlich ohne diesen Schutz da.
Also hier bitte sehr vorsichtig vorgehen.

Freundesliste aufschreiben

Ein Punkt, der jetzt nicht direkt etwas mit der Beratung an sich zu tun hat, dem ganzen Thema aber doch einen sehr faden Beigeschmack verleiht. Wahrscheinlich hast du selbst auch schon mal davon gehört, dass nach einer Versicherungsvermittlung danach gefragt wird, ob du nicht auch noch zehn Freunde hättest, die ebenfalls von dieser Beratung profitieren könnten. Und ob du nicht einfach mal entsprechende Namen und Telefonnummern aufschreiben könntest. Möglicherweise wird dir auch eine kleine »Tippgeber-Vergütung« angeboten, wenn es bei den Freunden dann ebenfalls zu einem Abschluss kommen sollte. Grundsätzlich spricht ja überhaupt nichts dagegen, einen zufriedenen Kunden nach Empfehlungen zu fragen. Das Problem an der gerade beschriebenen Geschichte ist nur, dass dies heutzutage schlichtweg verboten ist. Du darfst nicht einfach die Kontaktdaten deiner Freunde ohne deren Zustimmung weitergeben. Und wenn Derartiges von dir verlangt wird, dann wirft dies nicht unbedingt ein gutes Licht auf den Vermittler.

Verzicht auf eine Beratungsdokumentation

Der Abschluss einer Versicherung wird normalerweise in einer Beratungsdokumentation festgehalten. Dort steht in der Regel drin, wer am Gespräch teilgenommen hat, um was es genau ging und warum Versicherung X bei Versicherer Y beantragt wurde. Diese Beratungsdokumentation soll dazu dienen, dass man auch Jahre nach dem Abschluss der Versicherung noch nachweisen kann, weshalb und warum die Versicherung genau so abgeschlossen wurde, wie sie eben abgeschlossen wurde. Die Beratungsdokumentation schützt also Kunden und Berater gleichermaßen vor gegenseitigen (vermeintlich) falschen Anschuldigungen. Denn auch der Berater muss sich vor falschen Anschuldigungen eines Kunden schützen können. An der Stelle muss dann auch mal erwähnt werden, dass es wahrscheinlich – gemessen an der absoluten Zahl – viel mehr »schwarze Schafe« unter den Verbrauchern und Kunden gibt als innerhalb der Versicherungsbranche. Dazu dann auch mehr, wenn wir über das Thema Versicherungsbetrug sprechen.

Sollte nun also keine Beratungsdokumentation erstellt werden, ist dies ein Risiko für dich als Kunden, da am Ende – falls es vor Gericht gehen sollte – dein Wort gegen das Wort des Versicherungsvermittlers steht. Eine Kopie der Beratungsdokumentation sollte dir dann auch immer ausgehändigt werden beziehungsweise dir als Kunden zukommen.

»Kopf und Bauch« sagen Nein

Vermutlich hast du auch schon mal gehört, dass du in manchen Situationen auf dein Bauchgefühl hören solltest. Dieses Gefühl in der Magengegend, das dir sagt, dass hier gerade vielleicht etwas nicht stimmt. Du kannst nicht genau sagen, was es ist, aber dein Instinkt sagt dir, du solltest jetzt losrennen. Dieses Bauchgefühl, dieser Instinkt hat in der Vergangenheit dafür gesorgt, dass uns der Säbelzahntiger, der sich langsam von hinten anschlich, gerade so doch nicht erwischt hat, weil wir uns auf unser Bauchgefühl verlassen und einen Sprint in die sichere Höhle hingelegt haben. Ist dir das zu bildlich und ein wenig zu unwissenschaftlich? Okay, kann ich verstehen. Dennoch solltest du dieses Gefühl nicht ignorieren. Auch nicht in einem Beratungsgespräch. Wenn dann auch noch dein rationaler Verstand dem Bauchgefühl zustimmt, dass hier irgendwas nicht stimmt, dann solltest du das Gespräch beenden. Das ist zu jeder Zeit dein gutes Recht. Ich weiß, dass manche von uns einfach zu nett sind und es ihnen schwerfällt, einfach so das Gespräch zu beenden. Aber auch hier musst du wieder Egoist sein. Es geht um dich und deine Absicherungen. Hier muss es sich für dich einfach richtig anfühlen. Habe nie Angst davor, eine Beratung zu beenden, wenn du dich nicht wohlfühlst. Ein guter Berater wird vielleicht noch ein- oder zweimal nachfragen, woran es denn liegt, wird dann aber deine Entscheidung akzeptieren. Vielleicht war der Vermittler echt super kompetent, aber dir einfach nicht sympathisch genug. Ihr habt nicht »geklickt«. Kann ja alles sein. Und dann ist das eben so, und das ist auch okay. Sympathie kann man eben nicht erzwingen. Und Vertrauen noch weniger.

WIE FINDEST DU NUN EINEN GUTEN VERSICHERUNGSVERMITTLER/ -BERATER?

D ie Königsfrage, die nun noch offenbleibt, ist, wie du am Ende des Tages einen guten Versicherungsvermittler beziehungsweise Berater finden kannst. Die bisher angeführten Punkte konnten hier hoffentlich schon mal helfen. Aber es gibt noch ein paar weitere Auswahlkriterien, denen du Beachtung schenken solltest.

Bewertungen

Nichts beeinflusst uns als Menschen heutzutage in unserer Kaufentscheidung so sehr wie Bewertungen. Wenn du ein Produkt zum Beispiel auf Amazon suchst, dann sind die Bewertungen das Erste, auf das du schaust. Oft sogar bevor du auf den Preis schaust. Schon irgendwie verrückt, oder? Aber das zeigt eben unseren immens starken Wunsch nach Bestätigung von anderen, bevor wir eine Entscheidung treffen. Vor allem bevor wir wichtige (und teure) Entscheidungen treffen. Und hier hilft es natürlich, wenn viele Menschen vor dir mit einem bestimmten Produkt oder einer bestimmten Dienstleistung bereits gute oder sehr gute Erfahrungen gemacht haben. Deshalb können Bewertungen für dich ein sehr gutes Auswahlkriterium für die Kompetenz, Sympathie und Zuverlässigkeit eines Versicherungsvermittlers sein.

»Bewertungen über eine Dienstleistung ermöglichen es dir, vorab schon herauszufinden, ob die angebotene Dienstleistung auch dein Problem zufriedenstellend lösen kann.«

Wenn die Bewertungen ausführlich, aussagekräftig und natürlich auch positiv sind, dann kannst du schon mal relativ sicher sein, hier keinem Scharlatan aufzusitzen. Aber Bewertungen kann man ja auch faken. Ja, richtig. Aber glaube mir, dass die meisten Versicherungsvermittler panische Angst davor haben, überhaupt mal Bewertungen zu sammeln, denn es könnte ja dann ein Kollege eine negative Bewertung über einen schreiben, die natürlich nicht stimmt, aber die steht dann halt mal im Internet. Und dann kommen nie wieder Kunden zu einem, man muss die Selbstständigkeit aufgeben, bekommt Hausverbot im lokalen Supermarkt und wird schlussendlich noch des Landes verwiesen (ja, überzogener Sarkasmus, aber – leider auch – mit einem Funken Wahrheit, was die übertriebene Angst einiger Kolleginnen und Kollegen angeht). Der ganz normale Durchschnitts-Versicherungsvermittler kommt nicht mal auf die Idee, Bewertungen zu faken. Vielleicht lässt er noch seine eigene Tante und Nachbarn bewerten, okay. Aber das war's dann schon. Deswegen solltest du natürlich auch schauen, dass die Bewertungsanzahl nicht zu niedrig ist und die letzte Bewertung nicht von 2002 ist. Ausnahmen bestätigen natürlich auch hier die Regel, wie ein Beispiel aus dem Jahr 2021 zeigt, als ein Versicherungsvertrieb gezielt durch Fake-Bewertungen »gepusht« wurde.[34]

Direkte Empfehlung

Eine direkte Empfehlung von einem Freund oder Bekannten ist sehr oft das beste Mittel für (oder gegen) die Auswahl eines Versicherungsvermittlers. Wenn eine Person, welcher du vertraust, gute Erfahrungen mit einer anderen Person bezüglich einer Dienstleistung gemacht hat, dann baut sich hier quasi eine Vertrauensbrücke auf, die sich von dir über deinen Bekannten hin zum Dienstleister zieht. Das Vertrauen, das du in deinen Freund oder Bekannten hast, geht quasi durch die Empfehlung auf den Versicherungsvermittler über. Obwohl du diese Person eventuell noch gar nicht kennst. Derartige direkte Weiterempfehlungen sind ja nichts anderes als »Offline-Mund-zu-Mund-Bewertungen«. Aber Vorsicht: Du solltest trotzdem nicht komplett blauäugig in das Beratungsgespräch gehen, sondern weiterhin alle Prinzipien und Grundsätze, die ich dir in diesem Buch hoffentlich vermitteln konnte, beachten.

Allgemeine Außendarstellung

Als letzter Punkt ist es wahrscheinlich auch empfehlenswert, sich die allgemeine Außendarstellung des Versicherungsvermittlers anzuschauen. Ob das nun das Versicherungsbüro vor Ort ist, wo noch die Werbekampagne von 1995 im Schaufenster steht, oder die Website, die 25 Sekunden lädt und wo dann ein Hinweis aufploppt, dass diese Seite nicht sicher ist. Ich denke, du weißt, was ich meine. Solche Dinge sind einfach nicht wirklich vertrauenerweckend. Und auch darauf darfst und solltest du als (zukünftiger) Kunde achten.

Und das war es tatsächlich schon. Ich habe überlegt, ob es hier noch eine andere Herangehensweise gibt, aber es ist ja so, dass du entweder jemanden fragst, ob er oder sie jemanden kennt, wo man sich gut beraten lassen kann, oder du gehst ins Internet und suchst nach einem Berater. Wobei wir dann wieder beim Thema Bewertungen wären. Und dann noch kurz den Offline- beziehungsweise Online-Auftritt checken.

An dieser Stelle möchte ich wieder ein paar sehr persönliche Worte schreiben, weil es mir einfach wichtig ist, dass du das weißt.

Auch in diesem Kapitel musste ich wieder aufpassen, was genau ich schreibe, weil ich direkt die nächste Amazon-Bewertung (wenn wir gerade von Bewertungen sprechen) für dieses Buch sehe, die da lautet: »Schon komisch, dass er immer die Dinge hervorhebt, die er beziehungsweise seine Firma selbst macht ... sehr fragwürdig ...«

Wie könnte ich denn sonst ein Buch über Versicherungen und Versicherungsvermittlung schreiben, wenn ich nicht wüsste, auf was es ankommt? Und dieses Wissen, diese Erfahrung kommt natürlich durch mein Unternehmen, durch unsere Tätigkeit als Versicherungsmakler. Wir tun die Dinge, die wir tun, weil wir glauben, dass es die richtigen Dinge sind. Weil es die Dinge sind, die unserer Meinung nach wichtig sind. Weil es die Dinge sind, die den Kunden und Verbrauchern am Ende wirklich helfen. Und ja, natürlich sind wir genau deswegen dann auch sehr stolz auf zum Beispiel unsere Kundenbewertungen, unsere hohe Empfehlungsquote und unsere verschiedenen Online-Auftritte.

Du glaubst gar nicht, wie sehr ich es hasse, mich und das, was ich tue, erklären zu müssen. Auch wenn es immer heißt: »Nein, du musst dich nicht erklären ...«, so ist es doch leider genau so. Wenn man sich nicht erklärt, ist man in dieser Branche schneller in irgendeiner Vorurteilsschublade, als man »Berufsunfähigkeitsversicherung« sagen kann.

Das ist extrem anstrengend, nervig, energieraubend, aber auch einfach Teil des Jobs. Und weil es ein extrem wichtiger Job ist, mache ich – und viele Kollegen und Kolleginnen – es auch immer wieder aufs Neue gerne. Das ist wie einen großen Stein den Berg hochzurollen, um dann am nächsten Tag direkt wieder von ganz unten anzufangen. Und den Tag darauf genauso. Und so weiter. Meine Hoffnung ist ja, dass das Rollen dieses Steines etwas leichter wird oder der Berg kleiner wird, je mehr Menschen dieses Buch in der Hand gehalten und gelesen haben. Es würde allen beteiligten Seiten helfen.

VERSICHERUNGS-APPS – FLUCH ODER SEGEN?

*N*achdem ich jetzt viel über den Versicherungsvermittler aus Fleisch und Blut gesprochen habe, wird es jetzt ein wenig digitaler. Genauer gesagt möchte ich dir in diesem Kapitel Sinn und Unsinn beziehungsweise Fluch und Segen von Versicherungs-Apps näher erläutern: digitale Versicherungsmanager auf dem Smartphone oder im Browser, wo du alle deine Versicherungen digital hinterlegen kannst. Über die App-Anwendungen kannst du neue Angebote anfordern, einen Schaden melden, Versicherungen vergleichen und so weiter. Also grundsätzlich erst mal eine in meinen Augen echt coole Sache. Quasi exakt das Gleiche, was der klassische Versicherungsvermittler als Person macht, nur eben sehr digital und auf dem Smartphone. In einem Zeitalter, in dem alles über Apps bestimmt wird, wollen natürlich auch viele Menschen ihre Versicherungen digitalisieren. Die 25 Quadratmeter Platz, die bisher für Versicherungsordner beansprucht wurden, kannst du also ab sofort sinnvoller verwenden.

Ich möchte dieses Kapitel wirklich kurz halten. Mir geht es eigentlich nur um eine wichtige Sache, die leider sehr oft nicht erwähnt wird, wenn du dir eine Versicherungs-App herunterlädst und dich dann dort registrierst. Und zwar wird hier in der Regel ein sogenanntes Maklermandat erteilt. Ein Maklermandat ist nichts anderes, als dass du damit einem Unternehmen den Zugriff auf deine Versicherungen erlaubst. Du berechtigst das Unternehmen dadurch, die Informationen zu deinen Versicherungen bei den jeweiligen Versicherern anzufragen, sodass diese dann digital zum Beispiel in der App hinterlegt werden können. Weiterhin kann das Unternehmen für dich Versicherungen abschließen und kündigen – natürlich mit vorheriger Willenserklärung deinerseits. So weit, so gut. Das ist in meinen Augen alles kein Problem. Du gibst jeden Tag deine Daten an zig Unternehmen weiter. Ich denke, da müssen wir uns nichts vormachen. Aber klar, Versicherungsinformationen sind vielleicht noch etwas sensibler und nicht jeder sollte auf diese Daten Zugriff haben, oder? Das Problem bei Versicherungs-Apps ist nun das folgende: Wenn du deine Versicherungen in einer Versicherungs-App anlegst und dort das Maklermandat digital unterschrieben oder bestätigt hast, dann verliert dein bisheriger Vermittler den Zugriff auf deine Versicherungen. Vielleicht hattest du bisher keinen Ansprechpartner. Okay, dann ist alles cool. Sehr oft passiert in der Praxis allerdings das Folgende: Der Vermittler ruft seinen Kunden an und fragt, warum er sich denn jetzt plötzlich von jemand anderem betreuen lassen möchte? Warum er denn nicht mehr mit dem Service und der Beratung zufrieden sei? Der Kunde antwortet dann, dass das überhaupt nicht stimme und er weiterhin vom betreffenden Berater betreut und beraten werden möchte.

> »Digitale Versicherungsmanager und Versicherungs-Apps sind per se absolut nichts Schlechtes – im Gegenteil. Nur musst du als Verbraucher und Kunde wissen, was im Hintergrund passiert.«

Lange Zeit schwebten dann große Fragezeichen über dem Kopf des Beraters, weil ja der Kunde definitiv den Auftrag erteilt hat, dass er von jemand anderem betreut werden möchte, und ihm das Mandat entzogen wurde, aber der Kunde eben genau das verneint hat. Und wenn wir jetzt annehmen, dass der Kunde nicht lügt, dann kann hier ja irgendetwas nicht stimmen. Das war so in den Anfängen von Versicherungs-Apps. Heutzutage wird der Vermittler dem Kunden direkt die Anschlussfrage stellen, ob er denn kürzlich eine Versicherungs-App heruntergeladen und sich dort mit seinen Versicherungen registriert hat. Und dann sagt der Kunde so was wie: »Ja, stimmt. Da habe ich mir vor zwei Wochen eine App heruntergeladen. Hat so ein Influencer empfohlen. Aber ich wollte einfach nur eine digitale Übersicht meiner Versicherungen haben. Mehr nicht. Natürlich will ich weiterhin von dir betreut werden!«

Und genau hier haben wir dann das Problem. Wenn du aktuell betreut wirst, dann entziehst du durch das Unterzeichnen eines Maklermandats in einer Versicherungs-App deinem bisherigen Betreuer alle Befugnisse und er kann nicht mehr in deine Versicherungen reinschauen, weiß nicht, was Sache ist, und kann dich eben auch nicht mehr wie bisher beraten und unterstützen, wenn es zum Beispiel um Vertragsänderungen geht. Weil rechtlich betrachtet jetzt jemand anderes das Maklermandat hat.

Übrigens: Wer auch immer das Maklermandat hält, bekommt auch entsprechend die sogenannte Bestandsprovision von den Versicherern gezahlt (wird nicht von allen gezahlt). Eine – zugegebenermaßen – relativ geringe jährliche Vergütung für das Betreuen und Verwalten der Versicherungsverträge.

Diese ganzen Informationen werden dir nicht wirklich vorenthalten bei Versicherungs-Apps, aber sie werden auch nicht so kommuniziert, dass dir als Kunden die Konsequenzen beim Registrieren in der App und beim Anlegen der Versicherungen wirklich klar wären. Hier wünsche ich mir mehr Transparenz. Denn auch solche Praktiken sorgen dafür, dass erneut ein fader Beigeschmack beim Thema Versicherungen zurückbleibt.

Ganz zu schweigen von dem verwaltungstechnischen Riesen-Monster-Aufwand, der im Hintergrund passiert, wenn ein Maklermandat gewechselt wird und dann vielleicht sogar wieder zurückgewechselt wird, weil man dies ja eigentlich gar nicht wollte. Nicht selten dauert so ein Prozess mehrere Monate. Ja, Monate. Nicht Stunden, Tage oder Wochen. Monate. Und an die Kosten, die dadurch verursacht werden, möchte ich gar nicht denken. Könnte alles vermieden werden, mit ein wenig mehr Transparenz und Aufklärung ...

So viel zum Thema Versicherungs-Apps. Finde ich grundsätzlich eine super Sache, setzen wir als digitale Schnittstelle zu unseren Kunden ebenfalls ein. Nur solltest du dir der Konsequenzen im Vorfeld bewusst sein.

DIESE VERSICHERUNGEN KANNST DU VON DER STEUER ABSETZEN

W as kann es Besseres geben, als ein Kapitel über Versicherungen UND Steuern zu lesen? Quasi die beiden beliebtesten Themen überhaupt vereint in einem Super-langweilig-Kapitel. Am besten holst du dir erst mal noch etwas Nervennahrung. Eine Tüte Chips oder auch Gummibärchen sollten hier helfen.

Auf der anderen Seite ist es aber dann doch eigentlich ganz gut, zu wissen, von welchen Versicherungsbeiträgen du über deine Steuererklärung wieder etwas zurückbekommen kannst. Und bei welchen Versicherungen das genau geht, schauen wir uns jetzt einmal an. An dieser Stelle möchte ich noch erwähnen, dass sich der Stand der nachfolgenden Informationen auf 2021 bezieht und es natürlich immer wieder Änderungen durch den Gesetzgeber geben kann. Auch ist dies nur ein Auszug der in meinen Augen wichtigsten Versicherungen in Bezug auf die steuerliche Absetzbarkeit, welche für die meisten Menschen zutreffen werden. Ausnahmen und Sonderregelungen gibt es natürlich auch hier.

Von der Steuer absetzen bedeutet:

»Wenn man Kosten von der Steuer absetzt, führt das dazu, dass der ›Einkommensbetrag‹ (das zu versteuernde Einkommen), der der Steuer unterworfen wird, kleiner wird.«

Grundsätzlich muss man hierbei zwischen Werbungskosten und Sonderausgaben unterscheiden. Das heißt, dass manche Versicherungsbeiträge als Werbungskosten und wieder andere als Sonderausgaben in deiner Steuererklärung angesetzt werden können.

In anderen Worten könnte man auch sagen, dass hier unterschieden wird, ob deine Versicherungen berufliche Risiken (Werbungskosten) absichern oder private Risiken (Sonderausgaben).

Werbungskosten (Aufwendungen zur Erwerbung, Sicherung und Erhaltung der Einnahmen)[35]

Als Werbungskosten könntest du zum Beispiel folgende Versicherungen (falls vorhanden) absetzen:

- Rechtsschutzversicherung (der Teil, der sich auf den Arbeitsrechtsschutz bezieht, kann dir dein Versicherer mitteilen),
- Berufshaftpflichtversicherung,
- private Unfallversicherung (zum Beispiel – je nach Situation – ein Teil als Werbungskosten und ein Teil als Sonderausgaben in Form von Vorsorgeaufwendungen),
- Versicherungen für beruflich genutzte Geräte (zum Beispiel eine Elektronikversicherung für deinen beruflich genutzten Laptop).

Sonderausgaben

Als Sonderausgaben kannst du die folgenden Versicherungen grundsätzlich absetzen:

- Krankenversicherung (gesetzliche Krankenversicherung oder private Krankenversicherung),
- gesetzliche Pflegeversicherung,
- gesetzliche Rentenversicherung/berufsständische Versorgungswerke/Beiträge zur Künstlersozialkasse,
- Arbeitslosenversicherung,
- diverse private Rentenversicherungen (zum Beispiel Riester-Rente oder Basisrente),

- Kapitallebensversicherungen, die vor 2005 abgeschlossen wurden und eine Vertragslaufzeit von mindestens zwölf Jahren haben,
- Versicherungen zur Arbeitskraftabsicherung (zum Beispiel Berufsunfähigkeitsversicherung),
- Risikolebensversicherung,
- Kfz-Haftpflichtversicherung,
- diverse Haftpflichtversicherungen (zum Beispiel private Haftpflichtversicherung oder auch Tierhalterhaftpflichtversicherung).[36]

Hierbei ist zu beachten, dass es für sonstige Vorsorgeaufwendungen Höchstgrenzen gibt, bis zu welchen du entsprechende Beiträge geltend machen kannst. Diese liegen bei 1.900 Euro bei Angestellten und bei 2.800 Euro bei Selbstständigen. In der Praxis sind diese Grenzen leider meist schon durch die Beiträge zur Kranken- und Pflegeversicherung erreicht, sodass sich das Angeben weiterer Versicherungsbeiträge steuerlich nicht mehr auswirken würde.

Prüfe also immer zuerst anhand deiner Lohnsteuerbescheinigung, ob du mit den Beiträgen zu Kranken- und Pflegeversicherung bereits die Höchstgrenzen erreicht hast. Wenn dies der Fall ist, kannst du dir den Aufwand, weitere Versicherungen – also Vorsorgeaufwendungen – anzugeben, theoretisch sparen. Wenn du einen monatlichen Bruttolohn von 2.000 Euro hast, dann überschreitest du in der Regel bereits diese Grenzen.

Allerdings wird mittlerweile empfohlen, dennoch alle Versicherungsbeiträge anzugeben, da aktuell einige Beschwerden beim Bundesverfassungsgericht am Laufen sind. Sollte es hier Urteile zugunsten der Steuerzahler geben, dann hast du schon mal »vorgearbeitet«.[37]

Arbeitest du von zu Hause aus und hast ein eigenes Arbeitszimmer oder bist selbstständig, dann kannst du sogar deine Hausratversicherung anteilig steuerlich absetzen.

Altersvorsorgeaufwendungen (Sonderausgaben)

Weiterhin kannst du Beiträge zu bestimmten privaten Rentenversicherungen ebenfalls von der Steuer absetzen. Hierunter fallen zum Beispiel die Basisrente oder auch die Riester-Rente.

Der ansetzbare Höchstbetrag liegt 2021 bei 5.787 Euro (51.574 Euro bei Ehepaaren). Davon sind maximal 92 Prozent steuerlich absetzbar. Dies bedeutet, dass bei der Basisrente für das Jahr 2021 23.724 Euro steuerlich geltend gemacht werden können. Für Ehepaare gilt der doppelte Wert (47.448 Euro).[38]

Jedes Jahr steigt der maximal absetzbare prozentuale Wert um 2 Prozentpunkte, sodass dann ab 2025 100 Prozent der tatsächlich gezahlten Beiträge zur Basisrente steuerlich abgesetzt werden können – gedeckelt auf den Höchstbetrag. Beachten musst du hierbei, dass auch geleistete Beiträge zur gesetzlichen Rentenversicherung (oder auch zu berufsständischen Versorgungswerken) beim ansetzbaren Höchstbetrag mit angerechnet werden.

Bei der Riester-Rente können jährlich bis zu 2.100 Euro steuerlich als Sonderausgabenabzug geltend gemacht werden. Hier wird aber immer geprüft, was für dich als Steuerpflichtigen günstiger ist: der Steuervorteil oder eben die Zulagen, die es bei der Riester-Rente gibt. Dies hängt unter anderem davon ab, wie hoch dein Steuersatz ist, wie viele Kinder du hast und wie viele Beiträge du insgesamt gezahlt hast. Meist ist es so, dass vor allem Gutverdiener vom Steuervorteil profitieren. Diese Günstigerprüfung musst du nicht selbst machen, sondern sie wird immer vom jeweiligen Finanzamt durchgeführt.

Ich denke, mehr »Versicherungs-Steuer-Folter« ist an dieser Stelle nicht nötig. Wie in den meisten Kapiteln in diesem Buch geht es mir auch hier nicht darum, bis ins letzte Detail jede mögliche Situation abzubilden (was auch gar nicht möglich wäre), sondern darum, dass du ab sofort sagen kannst: »Moment! Da war was! Hier sollten wir uns jetzt mal für unsere individuelle Situation genauer informieren!« Genau das ist mir wichtig.

TEIL 3
WENN DIE VERSICHERUNG ZAHLEN SOLL ...

VERSICHERUNGSBETRUG IST KEIN KAVALIERSDELIKT!

Wenn einem das neue Smartphone herunterfällt und danach circa 1.000 Euro im Eimer sind, dann ist das verdammt ärgerlich. Aber Moment, gibt's da nicht eine clevere Lösung für dieses Dilemma? Das soll einfach die private Haftpflichtversicherung meines Kumpels regeln. Denen sagen wir dann, dass er das Handy hat fallen lassen, nicht ich. Und dann bekomme ich das Geld (zumindest den Zeitwert) des Handys von der Versicherung ersetzt. Einfach genial, dieser Trick! Folgt mir für mehr clevere Versicherungstricks!

Das nennt sich Versicherungsbetrug. Und ist eine Straftat, für die hohe Geldstrafen und sogar Freiheitsstrafen von mehreren Jahren drohen können. Somit ist Versicherungsbetrug offensichtlich kein Kavaliersdelikt, wie es öfter mal bezeichnet wird.

Sätze wie »Die haben doch eh genug Geld!« oder »Ich hab da jetzt jahrelang einbezahlt, die sollen jetzt gefälligst auch mal was bezahlen!« hört man hier nicht selten. Das ändert allerdings nichts an der Tatsache, dass es weiterhin Versicherungsbetrug ist, wenn du durch falsche Angaben eine Versicherungsleistung ergaunern willst. Nicht selten kommen auch Eltern auf solche glorreichen Ideen und vergessen kurzzeitig mal die eigene Vorbildrolle gegenüber dem Nachwuchs. Auch hier finden wir wieder ganz schnell einige dieser vererbten Glaubenssätze wieder.

Rund 5 Milliarden Euro jedes Jahr.[39]

Das ist der Schaden, der deutschen Versicherern allein in der Schaden- und Unfallversicherung jedes Jahr durch Versicherungsbetrug entsteht. Zu den Schadenversicherungen gehören unter anderem die Kfz-Versicherung, die Haftpflichtversicherung oder auch die Rechtsschutzversicherung. Erinnerst du dich daran, dass ich zuvor geschrieben habe, dass es unter den Versicherungskunden absolut betrachtet weitaus mehr »schwarze Schafe« gibt als unter den Versicherungsvermittlern? Diese Zahl sollte dies mehr als bestätigen.

Kannst du dich auch noch an das Thema mit dem Kollektiv und der Versichertengemeinschaft erinnern? Wenn nun jemand Versicherungsbetrug begeht und eine Leistung erschleicht, die ihm oder ihr nicht zusteht, dann schadet diese Person dem kompletten Versichertenkollektiv. Denn ob ein Schaden gerechtfertigt bezahlt wurde oder nicht, eine Sache ist sicher: Es wurden Kosten beim Versicherer verursacht. Und ein Versicherer muss immer schauen, dass die Leistungsausgaben, die er hat, zu den Beitragseinnahmen in einem ökonomisch sinnvollen Verhältnis stehen. Und wenn die Ausgaben beziehungsweise die Kosten durch Versicherungsbetrug steigen, dann werden dadurch eben auch die Beiträge der Versicherten steigen, damit alles im Gleichgewicht bleibt. Und bei circa 5 Milliarden Euro an zusätzlichen jährlichen Ausgaben der Versicherer durch Versicherungsbetrug kannst du dir sicherlich gut vorstellen, dass allein dadurch Beiträge für Versicherungen steigen müssen. Und da sind die »echten Schadensfälle« noch gar nicht berücksichtigt.

> »Wer **Versicherungsbetrug** begeht, handelt nicht nur maximal egoistisch und schadet dadurch dem kompletten Versichertenkollektiv, sondern begeht auch eine Straftat.«

Du schadest also nicht nur dem Versicherer – der es ja »dicke« hat –, sondern du schadest auch allen anderen Menschen, die mit dir dort versichert sind. Und das ist nicht nur eine Straftat, sondern auch moralisch extrem verwerflich. Denke also bitte nicht mal im Traum daran, Versicherungsbetrug zu begehen, lass dich nicht dazu überreden (das passiert öfter, als du denkst) und schreite am besten auch immer ein, wenn jemand Versicherungsbetrug begehen will. Gerne darfst du dann auf diese Passage in diesem Buch verweisen.

WIE DU EINEN SCHADEN RICHTIG MELDEST

Solltest du nicht gerade vorhaben, Versicherungsbetrug zu begehen, so kann es ja durchaus sein, dass dir tatsächlich ein versicherter Schaden widerfahren ist. Und für diesen möchtest du dann zu Recht deine finanzielle Kompensation vom Versicherer haben. Je nach Schaden kann es unterschiedliche Informationen geben, die der Versicherer für die Regulierung des Schadens benötigt. Nachfolgend möchte ich aber mal ein paar generelle Punkte anführen, die eigentlich bei fast jeder Schadensmeldung benötigt werden. Eine Schadensmeldung kann heutzutage online über die Website des Versicherers erfolgen oder auch zuerst mal telefonisch.

Welche Informationen solltest du übermitteln?

- Vorname, Nachname und Kontaktdaten des Versicherungsnehmers und Schadenverursachers.
- Deine Versicherungsscheinnummer.
- Die Beschreibung des Schadenshergangs und was (beziehungsweise wer) genau beschädigt (geschädigt) wurde. Dies am besten so ausführlich wie möglich beschreiben und immer bei der Wahrheit bleiben.
- Ort und Zeitpunkt des Schadens.
- Mögliche Zeugen inklusive ihrer Kontaktdaten.
- Fotos vom Schaden beziehungsweise den beschädigten Sachen (je mehr auf den Fotos erkennbar ist, desto besser).

- Eine Liste mit den beschädigten Gegenständen und deren Wert (bestenfalls zusammen mit der Originalrechnung, falls noch vorhanden).

Damit deckst du schon mal die meisten Informationen ab, die die Versicherung benötigt. Sollte die Versicherung dann noch weitere Infos benötigen, wird sie sich bei dir melden. Je nach Schaden kann es auch sein, dass ein Gutachter vorbeikommt, um sich vor Ort ein genaues Bild vom Ausmaß des Schadens zu machen. Vor allem bei größeren Schäden ist es ganz normal, dass die Versicherung jemanden vorbeischickt – um natürlich auch wieder einen möglichen Versicherungsbetrug zu vermeiden. Vielleicht kennst du ja auch die Sendung *Die Versicherungsdetektive*. Mein Freund Timo Heitmann ist einer der Versicherungsdetektive dort und macht genau das.

»Als Versicherungsnehmer hast du eine sogenannte **Schadensminderungspflicht**. Du musst also dafür sorgen, dass ein Schaden nicht größer wird. Beispielsweise den Wasserhahn der überlaufenden Badewanne abdrehen oder Gegenstände rechtzeitig in Sicherheit bringen, bevor diese beschädigt werden. Natürlich immer, ohne dass du dich selbst in Gefahr bringst.«

Wann solltest du einen Schaden melden?

Was den Zeitpunkt der Schadensmeldung angeht, so kannst du dir als Faustregel Folgendes merken: immer so schnell wie möglich! Auch wenn für dich vielleicht noch gar nicht abschätzbar ist, wie groß der Schaden am Ende sein wird, verlangen die meisten Versicherer eine unverzügliche Meldung des Schadens. Je nach Umstand kann »unverzüglich« natürlich vieles bedeuten. Oft ist der nächste Werktag nach dem Entstehen des Schadens damit gemeint. Genaueres erfährst du immer in den Versicherungsbedingungen des jeweiligen Vertrags. Aber du machst definitiv nichts falsch, wenn du den Schaden innerhalb von ein bis zwei Tagen nach Schadenseintritt der Versicherung meldest. Meldest du einen Schaden zu spät, kommst du einer weiteren Pflicht, die du als Versicherungsnehmer hast, nicht nach. Und das solltest du vermeiden, da es sonst tatsächlich zu Leistungskürzungen kommen kann.

> »Die goldene Regel bei der Meldung des Schadens ist, dass du einfach immer bei der Wahrheit bleibst. **Ohne Ausnahme.**«

Abschließend hierzu noch eine ganz wichtige Bitte meinerseits. Bleibe beim Melden eines Schadens einfach bei der Wahrheit. Zu oft werde ich von Freunden und Bekannten gefragt, wie sie denn jetzt genau die Schadensmeldung schreiben sollen, damit der Versicherer auch wirklich zahlt. »Beschreibe einfach so ausführlich wie möglich, was passiert ist, und bleib immer bei der Wahrheit.« Alles andere geht tatsächlich schon in die Richtung Versicherungsbetrug. Dein Schaden ist entweder versichert oder eben nicht. So simpel ist es. Und was du tun kannst, wenn die Versicherung wider Erwarten doch mal nicht zahlen sollte, schauen wir uns jetzt mal an.

WAS TUN, WENN DER VERSICHERER NICHT ZAHLT?

Eine der größten Sorgen, wenn nicht sogar die größte Sorge der meisten Menschen ist es, dass man eine Versicherung abschließt, jede Menge Geld dafür bezahlt und diese Versicherung dann, wenn man sie wirklich braucht, nicht zahlt. Und ich will auch hier ganz offen zu dir sein: Das kann passieren. Und wenn dies passiert, dann gibt es genau zwei Szenarien. Entweder die Versicherung hat zu Recht nicht gezahlt, weil der entstandene Schaden schlichtweg nicht versichert war, oder aber die Versicherung hätte zahlen müssen, weil der vorliegende Schaden versichert ist, tut es aber nicht.

Auch wenn es dir aufgrund vieler anderweitiger Meinungen vielleicht schwerfällt, dies zu glauben, so ist es dennoch so, dass Versicherer in den meisten Fällen tatsächlich auch genau so leisten, wie sie es sollen. An der Stelle verweise ich noch mal auf die wirklich großen Summen, die jedes Jahr von den Versicherern an die Versicherten ausgeschüttet werden. Und auch aus meiner eigenen Praxis weiß ich, dass die meisten Schadensmeldungen, die beim Versicherer eingereicht werden, ganz problemlos durchlaufen. Aber eben nicht alle. Und deshalb müssen wir jetzt mal darüber sprechen, was es für Ursachen haben könnte, dass der Versicherer nicht leistet, und wie du als Versicherungskunde dazu beitragen kannst, dass es bei dir bei einem möglichen Leistungsfall zu keinen Problemen kommt.

Die häufigsten Gründe dafür, dass der Versicherer dir einen Schaden nicht bezahlt, sind die folgenden:

- Der Schaden, den du hast, ist einfach nicht versichert gewesen (darüber werden wir gleich noch mehr sprechen).

- Ein Schaden wurde von dir nicht rechtzeitig dem Versicherer gemeldet (das Thema hatten wir ja bereits).
- Der gemeldete Schaden ist vor dem Abschluss der Versicherung eingetreten.
- Es wurde nicht ausreichend von dir nachgewiesen, dass der Schaden wirklich so in Umfang und Höhe vorliegt.
- Du hast bei Vertragsschluss relevante Informationen (wie zum Beispiel Vorschäden) nicht angegeben oder hast Falschangaben (zum Beispiel bei den Gesundheitsfragen) gemacht.

Es gibt mit Sicherheit noch mehr Gründe, wieso der Versicherer eine Leistung verweigert, aber dies sollten die gängigsten sein. Vielleicht vermisst du hier einen Grund. Nämlich den, dass der Versicherer dich abzocken will und deshalb nicht leistet. Er will es quasi einfach mal probieren und schauen, ob er dich so abspeisen kann.

Nun, ich bin nicht in der Position, zu sagen, dass das nicht auch mal der Fall sein kann. Ich kann leider nicht bei jedem Versicherer reinschauen. Aber ich kann dir sagen, dass die Versicherer, bei denen ich mir bisher auch vor Ort die Prozesse und Abläufe ansehen konnte, weit davon entfernt sind, solche oder ähnliche Praktiken anzuwenden.

Vielmehr kann ich sogar das Gegenteil bestätigen. Versicherer geben sich teilweise richtig Mühe, um zu schauen, ob doch noch irgendwie eine (Mehr-)Leistung möglich ist.

Nur muss diese eben auch gerechtfertigt sein, denn Versicherer müssen immer genau belegen können, warum sie eine Versicherungsleistung ausgeschüttet haben, damit niemand bevorteilt wird. Schwer zu glauben? Ja, absolut. So krass ist das negative Meinungsbild schon verankert in den Köpfen der Menschen.

Es wäre auch schlichtweg unternehmerischer Selbstmord, wenn so etwas ans Licht kommen würde. Nicht nur würden Versicherte nie mehr einen Vertrag bei diesem Versicherer abschließen, auch alle Versicherungsvermittler würden künftig einen großen Bogen um diesen Versicherer machen, da ja der Vermittler auch immer irgendwo mit drin hängt. Er hat den Versicherer beziehungsweise Tarif ja empfohlen. Auch wenn er keinen Einfluss darauf hat, wie der Versicherer dann bei einem Schaden reagiert.

Die wichtigste Botschaft vorab ist, dass du nicht gleich zu einem Anwalt rennen musst, wenn deine Versicherung nicht zahlt. Denn dies kann erst mal zig verschiedene Gründe haben. Möglicherweise ist der Versicherung einfach ein Fehler unterlaufen – und zwar komplett unbeabsichtigt. Menschen machen Fehler. Und zumindest Stand heute sitzen in den ganzen Leistungs- und Schadensabteilungen der Versicherer noch sehr viele Menschen. Und Menschen machen nicht nur manchmal Fehler, sondern mit Menschen kann man auch reden. Und genau das solltest du immer als Erstes tun.

> »Auch in den Schadens- und Leistungsabteilungen von Versicherern sitzen Menschen. Und mit Menschen kann man reden.«

Melde dich bei der Versicherung und frage nach, ob sie dir nicht noch mal genau erklären können, warum hier nicht oder zu wenig gezahlt wurde. Deiner Meinung nach müsste so ein Schaden doch versichert sein. Bitte um eine erneute Prüfung und frage auch nach, ob es weitere Informationen gibt, die du der Versicherung vielleicht zukommen lassen könntest.

Jetzt magst du vielleicht denken, dass das doch nicht dein Job ist, dort nachzufragen, ob noch mehr Unterlagen, Nachweise und so weiter benötigt werden. Das soll dir der Versicherer mitteilen. Das macht er auch in vielen Fällen. In manchen Fällen aber vielleicht auch nicht, da aufgrund der vorliegenden Informationen bereits ein Leistungsurteil abgegeben werden kann. Dieses würde aber vielleicht anders aussehen, wenn der Versicherer noch mehr Informationen von dir bekommen hätte.

Was ich damit sagen will, ist, dass du immer die besseren Karten haben wirst, wenn du der Versicherung im Schadensfall sehr stark zuarbeitest. Stell dir mal vor, du sitzt am anderen Ende in der Leistungsabteilung beim Versicherer und es kommt eine Schadensmeldung rein, bei der die Hälfte fehlt, bei der nicht klar ist, was genau vorgefallen ist, und so weiter. Und dann stell dir vor, es kommt eine Schadensmeldung rein, bei der alles sauber und ordentlich dokumentiert wurde. Ein ausführlicher Schadensbericht mit Bildern ist ebenfalls mit dabei sowie eine Auflistung zum Beispiel der beschädigten Gegenstände. Das erzeugt ein ganz anderes Bild beim Versicherer und der Person, die den Schaden bearbeiten wird. Und so ein Schaden wird mit Sicherheit auch um einiges schneller bearbeitet werden.

Zudem wird dich ein Versicherer noch mal ernster nehmen, wenn du wirklich mit Nachdruck bei der Sache bleibst. Immer nett, sachlich und höflich sein, auch wenn es vielleicht manchmal schwerfällt. Das eigene Ego in den Keller verbannen. Vergiss nicht: Am anderen Ende sitzt eben auch nur ein Mensch.

Gleiches gilt natürlich auch, wenn du zum Beispiel Leistungen aus deiner Berufsunfähigkeitsversicherung beantragen möchtest. Hier gibt es umfangreiche Prüfungen und Formulare zum Ausfüllen. Das muss übrigens auch so sein, weil der Versicherer eben verpflichtet ist, immer nur dann Leistungen zu bewilligen, wenn auch wirklich der versicherte Leistungsfall eingetreten ist. Und wenn das nicht der Fall ist, dann darf der Versicherer auch einfach nicht leisten, sonst gibt's eventuell Probleme mit der BaFin (Bundesanstalt für Finanzdienstleistungsaufsicht).

Das Feststellen einer Berufsunfähigkeit kann tatsächlich einiges an Zeit in Anspruch nehmen. Aber wenn du das weißt, entsprechend vorarbeitest und die jeweiligen Informationen dem Versicherer auch zeitnah zur Verfügung stellst, dann kann der ganze Prozess viel schneller ablaufen. Übrigens: Viele Anträge auf Berufsunfähigkeit werden auch deshalb nicht bewilligt, weil der Versicherte einfach keine weiteren Unterlagen mehr eingereicht hat oder die Formulare des Versicherers nicht ausgefüllt hat. Natürlich kenne auch ich die Geschichten, dass Versicherer dies absichtlich machen und solche Prozesse bewusst in die Länge ziehen, um dich als Versicherten – der ja wahrscheinlich sowieso akute gesundheitliche Probleme hat – komplett zu zermürben, bis du am Ende erschöpft aufgibst und der Versicherer nicht zahlen muss.

Will ich komplett ausschließen, dass so etwas in der Vergangenheit mal vorgekommen ist oder in Zukunft vorkommen wird? Nein, das kann ich nicht ausschließen. Aber ich kann dir sagen, dass es definitiv nicht die Regel ist – obwohl sich genau dies in der öffentlichen Wahrnehmung widerspiegelt. Denk bitte daran, dass du darüber entscheidest, was du glauben willst und was nicht und auf welcher Basis du eben diese Entscheidungen triffst.

Auch Verbraucherschützer raten dazu, einfach immer bei der Wahrheit zu bleiben. Damit hat man als Versicherter die besten Karten und vermeidet so natürlich auch Angriffsflächen für den Versicherer. Und das gilt sowohl beim Abschluss einer Versicherung als auch bei der späteren Beantragung einer Leistung.[40]

Sollte der Versicherer nun aber weiterhin nicht in dem Umfang leisten wollen, wie er deiner Meinung nach leisten sollte, kannst du den nächsten Schritt gehen: Du kannst den sogenannten Versicherungs-Ombudsmann einschalten, eine neutrale Schlichtungsstelle zwischen Versicherungen und Versicherten. Diesen kannst du kostenlos kontaktieren und ihm deinen Fall schildern. Bevor du dir einen Anwalt nimmst, solltest du dich erst mal mit dem Versicherungs-Ombudsmann in Verbindung setzen.

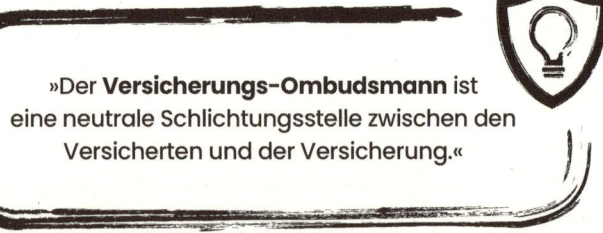

»Der **Versicherungs-Ombudsmann** ist eine neutrale Schlichtungsstelle zwischen den Versicherten und der Versicherung.«

Hat auch dieser nicht zwischen dir und dem Versicherer vermitteln können, dann bleibt meist nur noch der Gang zum Anwalt. Dann wäre eine Rechtsschutzversicherung sinnvoll, welche genau solche Fälle absichert. Eine Rechtsschutzversicherung kannst du übrigens nicht einfach dann noch schnell abschließen. Hier gibt es bestimmte Wartezeiten, die erfüllt sein müssen, bevor du Leistungen bekommen kannst. Eine Versicherung erst dann abzuschließen, wenn der Schaden schon passiert ist, kann ja nicht gehen. Wie bereits erwähnt, versichert dir eben niemand ein bereits brennendes Haus. Würdest du ja auch nicht machen.

Ein abschließender, wirklich nicht nur gut gemeinter, sondern auch ernster Rat von meiner Seite: In ganz vielen Fällen glauben Versicherte, dass Schaden XY definitiv versichert sei, obwohl dies einfach nicht der Fall ist. Glauben ist eben nicht das Gleiche wie wissen. Und viele Menschen würden dies auch wissen, hätten sie sich beim Abschluss der Versicherung eben etwas mehr mit dem Thema auseinandergesetzt. Mein Motto ist nicht umsonst »Erst verstehen, dann versichern!«.

Eine private Haftpflichtversicherung zahlt halt einfach nicht, wenn du dir selbst einen Schaden zufügst. Dennoch sind dann einige Menschen sauer, wenn die Versicherung nicht leistet.

> »Nur weil du glaubst, dass ein vorliegender Schaden versichert sein müsste, heißt das noch lange nicht, dass das auch der Fall ist.«

Sie sind sauer auf den Versicherer. Stattdessen sollten sie sauer auf sich selbst sein und sich an die eigene Nase fassen, weil sie sich nicht wirklich mit dem Thema auseinandergesetzt haben.

Natürlich gibt es Fälle, bei denen man ganz klar dem Versicherer den schwarzen Peter zuschieben muss. Aber gleichermaßen dürfen wir nicht die Fälle unter den Tisch fallen lassen, bei denen der Versicherte seiner Eigenverantwortung nicht nachgekommen ist und nun versucht, dies auf andere abzuwälzen. Unbequem, aber eben wahr. Und ich bin mir relativ sicher, dass du dies mittlerweile auch so sehen wirst.

TEIL 4
ALTERSVORSORGE ODER: DEIN FINANZIELLES ICH IN DER ZUKUNFT

*B*ei Versicherungen geht es meist um zwei Dinge: Zum einen um die Absicherung deiner finanziellen Existenz, deines erarbeiteten Lebensstandards im Hier und Jetzt, und zum anderen auch um die Sicherstellung genau dieses Lebensstandards in deiner Zukunft. Beides geht Hand in Hand. Ersteres macht ohne Letzteres wenig Sinn und umgekehrt. Und hier gibt es in meinen Augen auch eine ganz klare Reihenfolge, die du nie ändern solltest. Erst sicherst du dich gegen die Risiken deines aktuellen Lebens ab. Des Lebens, das du jeden Tag führst. Wenn wir das mal kurz in Versicherungsprodukte ummünzen, dann wären dies Versicherungen wie deine Krankenversicherung, eine private Haftpflichtversicherung und eine Berufsunfähigkeitsversicherung. Diese müssen erst mal sitzen. Es macht ja wirklich wenig Sinn, dass du dich um deine finanzielle Existenz in der Zukunft kümmerst, wenn deine finanzielle Existenz heute eine komplett offene Flanke hat. Ist deine finanzielle Existenz aktuell angreifbar beziehungsweise vielen Risiken ausgesetzt, dann hat dies unmittelbare Auswirkungen auf dein finanzielles Ich in der Zukunft. Denn für dieses wirst du einfach nicht mehr ausreichend sorgen können, wenn deine momentane finanzielle Existenz zerstört oder stark beeinträchtigt wurde. Kannst du zum Beispiel aufgrund einer Krankheit nicht mehr arbeiten und hattest du keine Berufsunfähigkeitsversicherung, dann gibt es maximal die Sozialleistungen vom Staat. Und mit diesen kannst du weder deinen – vermutlich hart erarbeiteten – Lebensstandard halten noch für einen angenehmen Lebensabend in der Zukunft sorgen.

»Als Erstes solltest du dich um die
Absicherung deines Lebensstandards im
Hier und Jetzt kümmern. Und anschließend um
die Absicherung deines Lebensstandards
in der Zukunft.«

Und genau deshalb ist es wichtig, dass du die eben beschriebene Reihenfolge einhältst. Ich hoffe, dass meine Erklärung hier nachvollziehbar ist.

In den nachfolgenden Kapiteln möchte ich vor allem auf das grundsätzliche Konzept von privaten Rentenversicherungen eingehen, mit dem – erneuten – Ziel, dass du am Ende für dich entscheiden kannst, ob dies eine für dich passende Form der Altersvorsorge ist oder eben nicht.

PRIVATE RENTENVERSICHERUNG – WAS IST DAS ÜBERHAUPT?

Mit Sicherheit hast du schon mal von privaten Rentenversicherungen gehört. Vielleicht hast du selbst ja sogar bereits eine abgeschlossen oder deine Eltern haben das irgendwann mal für dich gemacht. Meine Eltern haben das für mich nicht gemacht, es wäre aber vermutlich gar nicht mal so doof gewesen, direkt zu meiner Geburt eine Rentenversicherung abzuschließen. Damals war der garantierte Zins in der privaten Rentenversicherung (damals meist »Kapitallebensversicherung« genannt) noch richtig gut. Zumindest im Vergleich zu den Zinsen, die es heute gibt. Gerade zum 01.01.2022 wurde der sogenannte Höchstrechnungszins von 0,9 auf 0,25 Prozent gesenkt.[41]

Das bedeutet, dass Versicherer in ihrer Kalkulation bei zum Beispiel Rentenversicherungen und auch Berufsunfähigkeitsversicherungen nur noch maximal mit 0,25 Prozent kalkulieren dürfen. An dieser Stelle dürfte auch klar sein, dass du von einer privaten Kapitallebensversicherung/Rentenversicherung, welche dir nur einen Zins von 0,25 Prozent garantiert, absolut die Finger lassen solltest. Da kannst du dein Geld besser unter dein Kopfkissen legen – oder gleich verbrennen. Mehr dazu dann aber im Kapitel zu den Garantien bei Rentenversicherungen.

Schauen wir uns jetzt aber mal die grundsätzliche Funktionsweise von privaten Rentenversicherungen an.

Eigentlich ist das Konzept relativ einfach: Du schließt einen Vertrag mit einem Versicherer, bei welchem du meist monatlich einen von dir gewählten Beitrag zahlst. Dieses Geld legt der Versicherer für dich an. Dies kann festverzinslich geschehen oder aber auch eine Anlage an den Aktienmärkten sein. Und wenn du dann später in Rente gehst, zahlt dir der Versicherer eine monatliche Rente aus, und zwar solange du lebst. Ja, du hast richtig gelesen: solange du lebst. Und genau das ist eben das Risiko, das der Versicherer an dieser Stelle für dich übernimmt. Niemand weiß, wie lange du leben wirst. Nicht du, nicht der Versicherer, niemand. Das ist ein nicht zu vernachlässigendes Risiko – für dich und den Versicherer.

Für dich bezogen darauf, dass es echt uncool wäre, wenn du noch am Leben bist, aber all dein Geld aufgebraucht wurde. Und für den Versicherer ist es ein Risiko dahingehend, dass er dir lebenslang eine Rente zahlen muss, unabhängig davon, dass das angesparte Kapital ab einem gewissen Zeitpunkt aufgebraucht ist. Ich muss dies noch mal hervorheben, weil es hier immer wieder zu Missverständnissen kommt: Wenn du eine private Rentenversicherung mit einer späteren monatlichen Rente abschließt, dann MUSS dir der Versicherer, solange du lebst, monatlich eine Rente zahlen und es ist vollkommen egal, ob die zum Beispiel 100.000 Euro, die zum Rentenbeginn in deinem Vertrag liegen, nach zum Beispiel 15 Jahren aufgebraucht sind. Der Versicherer ist verpflichtet, dir weiter deine monatliche Rente zu zahlen.

Dieses Risiko nennt sich auch »Langlebigkeitsrisiko«. Es ist also quasi ein finanzielles Risiko, wenn man lange lebt. Klingt komisch, macht aber doch irgendwie Sinn.

> »Das finanzielle Risiko, das eine **private Rentenversicherung** für dich übernimmt, ist, dass du länger lebst, als deine finanziellen Mittel ausreichen.
>
> Eine **private Rentenversicherung** sichert also dein Langlebigkeitsrisiko ab.«

Und dies ist ein Risiko, das ein Versicherer für dich übernehmen kann. Lebst du länger als erwartet beziehungsweise als der Versicherer anhand von zum Beispiel Sterbetafeln kalkuliert hat, dann wirst du hier mit einem »Plus« rausgehen. Dann hat sich die private Rentenversicherung für dich gelohnt. Stirbst du allerdings früher als erwartet, dann hat der Versicherer vermutlich ein »Plus« gemacht. Natürlich gibt es hier noch Möglichkeiten, dass auch deine Hinterbliebenen weiter von den Zahlungen aus deiner privaten Rentenversicherung profitieren, aber dazu später mehr.

Wie jede Übernahme eines Risikos kostet auch diese Geld. Jede Leistung erfordert eine entsprechende Gegenleistung. Die Leistung des Versicherers ist – wie immer – die Übernahme eines für dich unbekannten finanziellen Risikos. Deine Leistung ist der Beitrag, den du dafür bezahlst. Dabei wird ein Teil deines Beitrages (der größte Teil) in die von dir gewählte Anlage gehen (zum Beispiel einen Fonds, Aktien, ETFs und so weiter) und ein anderer Teil (der kleinere Teil) fließt zum Versicherer für die Deckung entstehender Kosten (Verwaltung, Vertrieb und so weiter). Das heißt, wenn dir zum Beispiel jemand sagt, dass eine private Rentenversicherung höhere Kosten hat als zum Beispiel ein ETF-Sparplan bei einer Direktbank, dann ist das vermutlich in 99 Prozent der Fälle eine korrekte Aussage. Aber du bekommst einfach auch mehr Leistungen als bei einem ETF-Sparplan. Und diese kosten Geld. Mehr dazu auch im Kapital »Vermögensaufbau oder planbare, lebenslange Altersvorsorge«.

Du siehst also, dass auch hier wieder alles auf einen einzigen Punkt zurückzuführen ist: Ist dies (in dem Fall das Unwissen darüber, wie lange du leben wirst) ein für dich persönlich (großes) finanzielles Risiko, welches du über eine private Rentenversicherung absichern möchtest, oder nicht?

VERMÖGENSAUFBAU ODER PLANBARE, LEBENSLANGE ALTERSVORSORGE

Es ist wichtig, dass du rechtzeitig anfängst, dein Geld zu sparen, zu investieren oder anzulegen. Je früher du anfängst, desto besser. Im besten Fall haben deine Eltern schon damit begonnen, für deine Rente vorzusorgen. Sollten das deine Eltern gemacht haben, dann ziehe ich meinen imaginären Hut vor ihnen. Es gibt nichts Besseres und Smarteres, das Eltern finanziell für ihr Kind tun können, als mit der Geburt anzufangen, für seine Rente zu sparen. Der für mich persönlich beste Weg, um eine mögliche Altersarmut des eigenen Kindes zu vermeiden. Solch ein Weitblick und rationales Denken verdienen meiner Meinung nach höchste Anerkennung. Lieber jeden Monat 25 Euro investieren, als das hundertste Spielzeug zu kaufen. Das aber nur am Rande als wichtige Info für alle (zukünftigen) Eltern.

»Je früher du mit deiner Altersvorsorge anfängst, desto weniger musst du monatlich dafür aufwenden, deine **Rentenlücke** zu schließen.«

Wie der Titel dieses Kapitels schon besagt, bin ich der Ansicht, dass man zwischen Vermögensaufbau und planbarer, lebenslanger Altersvorsorge unterscheiden muss. In meinen Augen ist dies nämlich nicht das Gleiche. Vielleicht ist es in deinen Augen das Gleiche. Dann ist das vollkommen in Ordnung. Ich möchte dir nur mal meine Sichtweise erläutern, warum dies für mich zwei wirklich verschiedene Formen des Investierens beziehungsweise Sparens sind. Diese Entscheidung habe ich für mich selbst getroffen, das heißt, was ich dir nachfolgend erklären werde, ist meine eigene Strategie, wie ich selbst für mich Vermögensaufbau und Altersvorsorge betreibe. Diese Strategie kannst du komplett für dich übernehmen, wenn sie dir zusagt, oder du nimmst dir einzelne Teile daraus. Oder aber du machst es komplett anders. Hauptsache, du hast eine rationale, für dich passende Strategie, was deine eigene finanzielle Existenz in der Zukunft angeht.

Vermögensaufbau

Vermögensaufbau bedeutet für mich persönlich, dass ich über einen mittleren bis langen Zeitraum Kapital aufbaue, welches ich später mal für eine bestimmte Sache verwenden möchte. Das könnte zum Beispiel die Anzahlung für das Eigenheim sein, eine Weltreise und so weiter. Für mich persönlich wäre das Eigenheim. Also ein Haus, in dem ich mit meiner Familie selbst wohne und das ich auch selbst besitze. Dies ist ein für mich emotionales Ziel. Kein rationales Ziel. Würde ich hier rein rational herangehen, dann würde mir mein Finanz-Verstand sagen, dass das in vielen Fällen gar nicht mal so clever ist. Ein Leben lang zur Miete wohnen wäre rein finanziell-rational betrachtet vermutlich der bessere Weg. Und ich muss an der Stelle auch sagen, dass sehr viele Menschen sich etwas vorlügen, wenn sie sagen, dass ihr Eigenheim ihre Altersvorsorge ist. Der Plan wird in vielen Fällen nicht aufgehen, da man unterschätzt – oder bewusst ausblendet –, welche Kosten für Instandhaltung und so weiter in Zukunft auf einen zukommen werden. Und wenn man vorhat, das Haus zu verkaufen, und es als Investment betrachtet hat, dann ist das »Eigenheim in der Pampa« – wie der Immobilien-Millionär Gerald Hörhan zu sagen pflegt – vieles, aber definitiv kein Investment. Eher ein Fass ohne Boden, das dein Geld einfach so verschwinden lässt. Deswegen: eine bewusste, rein emotionale Entscheidung für mich selbst.

> »Dass ein (finanziertes) Eigenheim die perfekte Altersvorsorge ist, erweist sich in vielen Fällen als Trugschluss, den aber viele einfach bewusst ignorieren.«

Genau auf dieses Ziel hin betreibe ich nun Vermögensaufbau. Um dann das nötige Kleingeld für zum Beispiel die Anzahlung des Hauses zu haben. Am besten möglichst viel, damit sich die monatliche Belastung durch die Finanzierung niedrig hält. Mein Anlagehorizont ist hier also wie gesagt mittel bis lang. Also definitiv länger als fünf Jahre, aber kürzer als 30 Jahre.

Und vom Anlagehorizont kann beziehungsweise sollte man dann die verschiedenen Möglichkeiten ableiten, wie man sein Geld clever anlegen und investieren sollte. Und was ich dir hier schon mal verraten kann: Das macht man nicht mit einer Rentenversicherung. Beim reinen Vermögensaufbau hat in meinen Augen eine private Rentenversicherung nichts verloren. Diese ist als Produkt dafür schlichtweg nicht geeignet. Je kürzer der Zeitraum, desto weniger macht eine private Rentenversicherung Sinn. Denn du hast hier ja auch Kosten, die verursacht werden. Und damit diese Kosten über die Rendite der Anlage wieder »reingeholt« werden können, brauchst du einfach einen möglichst langen Anlagehorizont. Von den Steuervorteilen, die bei einer zu kurzen Laufzeit wegfallen, mal ganz zu schweigen.

Was du dir hier also schon mal merken solltest, ist, dass Vermögensaufbau nicht über eine private Rentenversicherung erfolgen sollte.

Wie dann?

Auch hier gibt es verschiedene Möglichkeiten. Du könntest dir Immobilien kaufen und diese vermieten, du könntest dir ein eigenes

Business aufbauen (so wie ich) oder du könntest einfach monatlich Geld in die Aktienmärkte investieren. Zum Beispiel in etwas, das sich ETF-Sparplan nennt. Eine passive Anlage, bei welcher ein Aktienindex (zum Beispiel der DAX oder der MSCI World) abgebildet wird, wodurch du – wenn wir mal den MSCI World hernehmen – in circa 1.600 Unternehmen aus über 20 Industrieländern weltweit investieren kannst. Und genau so mache ich dies – neben dem Aufbau meines eigenen Unternehmens – eben auch.

Über einen Online-Broker (weil vermutlich günstiger als bei der Bank vor Ort) habe ich ein Depot eröffnet und einen Sparplan auf den Index meiner Wahl eingerichtet. Eine breite Streuung ist mir hier persönlich wichtig, damit ich das Risiko verteile. Nur in den DAX zu investieren, wäre mir persönlich einfach zu risikoreich. Sorry, Deutschland, ich mag dich, aber die Wahrscheinlichkeit, dass du in den nächsten 15 bis 30 Jahren doch noch so einiges gegen die Wand fahren wirst, ist definitiv nicht gleich null. Ich muss nur an die Digitalisierung und die Internetgeschwindigkeit in unserem Land denken. Das ist Material für den krassesten Horrorfilm, der jemals gedreht wurde.

Und genau so baue ich mir Vermögen auf. Natürlich kann und will nicht jeder sein eigenes Unternehmen gründen. Aber einen Sparplan auf einen weltweit gestreuten Aktienindex einzurichten, das bekommt wirklich jeder hin. Wenn du dich näher mit genau diesem Thema auseinandersetzen möchtest, dann empfehle ich dir die tollen YouTube-Videos von meinem langjährigen Freund Kolja Barghoorn von »Aktien mit Kopf« oder auch die Videos von »Finanzfluss« und »Talerbox« oder die Podcasts von »Finanzrocker und Finanzwesir« (»Der Finanzwesir rockt«) oder von »Madame Moneypenny«.

Mit diesen kannst du dir ein extrem gutes Basiswissen aneignen, um selbst mit dem Vermögensaufbau anzufangen. Dafür ist kein mehrjähriges Studium oder ein Master in Finance notwendig. Ich finde es wirklich toll, dass es mittlerweile so viele echt gute Kanäle gibt (von Männern und Frauen), welche den Menschen Finanzwissen auf einfache und verständliche Art beibringen. Gerne kannst du mir hierzu auch einfach mal auf Instagram schreiben, wenn du noch weitere Tipps zu spannenden und wertvollen Finanzkanälen, Podcasts, Blogs und so weiter möchtest. Leider kann ich nicht alle hier aufzählen, aber man kennt sich eben untereinander in der »Finanzszene«.

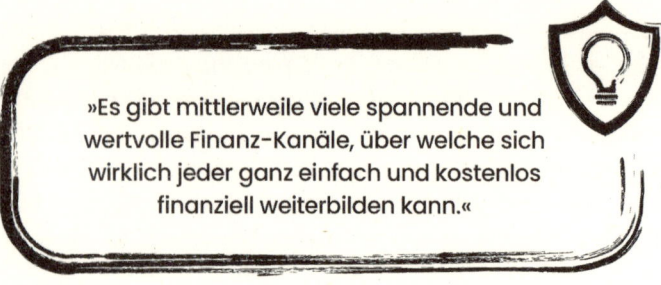

»Es gibt mittlerweile viele spannende und wertvolle Finanz-Kanäle, über welche sich wirklich jeder ganz einfach und kostenlos finanziell weiterbilden kann.«

So viel zum Thema Vermögensaufbau. Schauen wir uns jetzt mal an, wie meine planbare, lebenslange Altersvorsorge aussieht.

Planbare, lebenslange Altersvorsorge

Als ich das erste Mal so richtig an meine eigene Rente gedacht habe, musste ich mir erst mal Klarheit darüber verschaffen, was damit eigentlich genau gemeint ist. Was meint eine Person, wenn sie davon spricht, dass sie zum Beispiel mit 67 Jahren in Rente geht? Für mich war das etwas total Abstraktes. Vor allem auch deshalb, weil ich nicht mal wusste, wo ich in fünf Jahren sein würde, und plötzlich sollte ich mir mich als Rentner vorstellen und mich entsprechend um meine Altersvorsorge kümmern. Vielleicht ging oder geht es dir ähnlich. Deshalb habe ich das Thema Rente so »übersetzt«, dass es für mich passt und für mich und mein Leben Sinn ergibt.

Die meisten Menschen verbinden das Thema Rente und Ruhestand mit dem Beginn der Auszahlung der gesetzlichen Rente. Das macht ja auch irgendwie Sinn. Darauf arbeiten vermutlich auch viele Menschen hin. Du hast vielleicht auch schon mal Sätze wie »Endlich in Rente gehen!« oder »Ich hab nur noch drei Jahre!« gehört. Um ganz ehrlich zu sein, erschrecken mich diese Sätze manchmal doch sehr. Denn wenn jemand so etwas sagt, dann bedeutet das ja nichts anderes, als dass einem die Arbeit, die man aktuell macht, überhaupt keinen Spaß mehr macht. Man kann es quasi kaum mehr erwarten, dass endlich der Renteneintritt möglich ist. Und wenn ich mich dann selbst mal gedanklich in diese Menschen hineinversetze, dann läuft es mir teilweise doch sehr kalt den Rücken runter. Will ich das auch? Irgendwann einfach nur noch darauf hoffen, dass die letzten Jahre schnell vergehen, bis ich endlich in den Genuss der Zahlungen aus der gesetzlichen und den privaten Rentenversicherungen komme? Das fühlt sich für mich persönlich nicht nach etwas an, das ich für mich selbst möchte. Und deshalb habe ich das Konzept »Rente« für mich ein wenig umgebaut. Oder um ganz konkret zu sein: Ich habe das Konzept »Rente« für mich persönlich komplett abgeschafft.

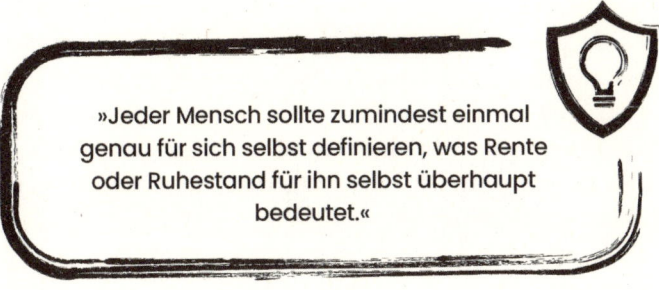

»Jeder Mensch sollte zumindest einmal genau für sich selbst definieren, was Rente oder Ruhestand für ihn selbst überhaupt bedeutet.«

Ja, ich weiß. Du erwartest jetzt noch ein paar genauere Erklärungen, was ich damit meine. Diese bekommst du natürlich auch nachfolgend.

Folgendes habe ich für mich festgestellt: Ich möchte definitiv mein Leben lang irgendeiner Tätigkeit nachgehen. Wenn mir das, was ich tue, Spaß macht, dann möchte ich solche Dinge tun, solange es geht. Bis quasi der Vorhang fällt. Das ist meine erste persönliche Erkenntnis. In Rente gehen ist für mich definitiv nicht gleichbedeutend mit »nicht mehr zu arbeiten«. Viele Studien zeigen sogar mittlerweile, dass Menschen genau deshalb früher sterben, weil ihnen das soziale Umfeld, welches bisher zum großen Teil aus Kollegen und Kolleginnen bestand, plötzlich fehlt.[42]

Für mich persönlich heißt das also, dass ich – solange ich kann – immer arbeiten möchte. Natürlich unter der Voraussetzung, dass mir die Arbeit Spaß macht.

Aber bei aller Motivation für diese Einstellung muss mir auch bewusst sein, dass es eben auch sein kann, dass ich aus gesundheitlichen Gründen schlichtweg nicht mehr arbeiten kann. Und dass dies eben auch ein mögliches Szenario ist.

»Je gesünder und achtsamer du lebst, desto länger lebst du vermutlich und desto wichtiger wird auch deine persönliche Altersvorsorge.«

Und da ich genauso wenig wie jeder andere die Zukunft vorhersehen kann, muss ich heute – da ich jung, gesund und fit bin – entsprechende Grundsteine für meine finanzielle Existenz in der Zukunft legen.

Zusammengefasst heißt das, dass ich zum einen nicht weiß, ob ich ein Leben lang arbeiten kann, und zum anderen auch nicht weiß, wie lange ich leben werde.

Das sind für mich zwei definitive Unbekannte in meiner »Lebensgleichung«, die sich niemals im Vorfeld exakt bestimmen lassen.

Und was unbekannt ist, birgt meist ein gewisses Risiko. Ein finanzielles Risiko. Und um finanzielle Risiken abzusichern, gibt es – zum Glück – entsprechende Versicherungen.

Und somit wären wir bei den privaten Rentenversicherungen, die hier eine Lösung sein können. Für mich persönlich sind sie das auf alle Fälle.

In meinem Fall setzte ich auf sogenannte fondsgebundene private Rentenversicherungen. Also Rentenversicherungen, bei denen sich mein Geld nicht mit einem festen Zins verzinst, sondern bei denen mein Geld von der Versicherung an den Aktienmärkten investiert wird. Dadurch partizipiere ich an den Renditen der Aktienmärkte. Dabei achte ich darauf – wie bereits erwähnt –, dass ich eine breit gestreute Anlage wähle, damit sich mein Risiko verteilt und ich quasi nicht alle Eier in einem Korb liegen habe.

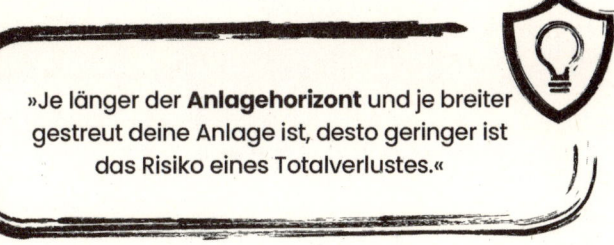

»Je länger der **Anlagehorizont** und je breiter gestreut deine Anlage ist, desto geringer ist das Risiko eines Totalverlustes.«

Später kann ich mir dann flexibel (ab dem 62. Lebensjahr – damit ich die steuerlichen Vorteile mitnehme) meine Rente auszahlen lassen oder auch – falls nötig – mir das komplette Kapital auf einmal auszahlen lassen. Letzteres geht bei einer Rentenversicherung in der sogenannten dritten Schicht unseres Altersvorsorgesystems. Damit du dir ein besseres Bild davon machen kannst, findest du zu unserem Altersvorsorgesystem auf der nächsten Seite eine entsprechende Grafik.

Als weiterer Sicherheitsmechanismus achte ich darauf, dass ein sogenanntes Ablaufmanagement bei meiner privaten, fondsgebundenen Rentenversicherung mit dabei ist. Dies bedeutet, dass der Versicherer rechtzeitig vor meinem gewünschten Rentenbeginn das vorhandene Kapital in sicherere Anlagen umschichtet, sodass ich von zum Beispiel einem Börsencrash drei Jahre vor meinem geplanten Renteneintritt nicht betroffen bin. Ein für mich essenziell wichtiger Punkt. Dieses Ablaufmanagement kann in den meisten Fällen auch flexibel gemanagt werden. Wichtig ist, dass du weißt, dass es so etwas gibt und du es nutzen solltest.

Und durch eben all diese Punkte ergibt sich für mich persönlich eine sehr sinnvolle Strategie, was den Aufbau einer planbaren, lebenslangen Altersvorsorge angeht. Flexibel, renditestark, aber eben auch mit entsprechenden Sicherheitsmechanismen.

Weil auch immer die Frage nach den Kosten kommt: Die jährlichen Effektivkosten liegen hier bei circa 1 Prozent. Das ist für mich persönlich im Verhältnis zu den Leistungen, die ich bekomme, ein absolut tragbarer Wert.

Natürlich gehören noch weitaus mehr Punkte dazu, die man beim Abschluss einer privaten (fondsgebundenen) Rentenversicherung beachten muss. Auch wenn du es vielleicht nicht lesen willst, so empfiehlt sich hier eben ein Gespräch mit einem Berater, um genau auszuloten, welches Rentenversicherungsprodukt für dich Sinn macht und welches nicht, wie viel du monatlich ansparen solltest, welcher Versicherer gut ist und welcher nicht und so weiter.

Unser Altersvorsorgesystem

Altersvorsorge

3. Schicht: private Vorsorge
Private Rentenversicherung, kapitalbildende Lebensversicherungen, Fondssparpläne

2. Schicht: Zusatzvorsorge*
Betriebliche Altersvorsorge, Riester-Rente

1. Schicht: Basisversorgung*
Gesetzliche Rente, Rürup- bzw. Basis-Rente, berufsständische Versorgungswerke

*staatlich gefördert

Natürlich kannst und darfst du all dies auch wieder auf eigene Faust machen, keine Frage. Sei dir nur weiterhin bewusst, dass es hier um deinen Lebensstandard in der Zukunft geht und du heute den Grundstein dafür legst, wie dieser in der Zukunft aussehen wird.

Leider haben in Deutschland noch sehr viele Menschen Angst vor den Aktienmärkten. Das (irrationale) Gespenst des Totalverlustes schwebt hier in ganz vielen Köpfen herum (an die Älteren unter euch: Telekom-Aktie-Gespenst – an die Jüngeren unter euch: Wirecard-Aktie-Gespenst), sodass man doch lieber eine Rentenversicherung mit 100 Prozent Beitragsgarantie und 0,25 Prozent Zins abschließt. Oder noch besser: alles Geld auf dem Sparbuch parken bei 0,002 Prozent Zinsen oder sogar Negativzinsen. Sicher ist sicher, richtig? Warum das aber ein fataler Fehler ist, schauen wir uns im nächsten Kapitel an.

Übrigens: Wie du wahrscheinlich schon gemerkt hast, gibt es für mich kein Besser oder Schlechter zwischen zum Beispiel einem ETF-Sparplan oder einer ETF-Rentenversicherung (also einer fondsgebundenen Rentenversicherung auf ETF-Basis, durch die ETFs meist sehr kostengünstig). Ich habe beides, weil ich mit beidem jeweils unterschiedliche Ziele – Vermögensaufbau mit dem einen und eine lebenslange, sorgenfreie Altersvorsorge mit dem anderen – verfolge. Vielleicht ist dies ja auch für dich eine sinnvolle Strategie.

WARUM DU BEI GARANTIEN VORSICHTIG SEIN MUSST!

W ir Deutschen lieben einfach Sicherheit und Garantien. Das ist in unserer DNS (Desoxyribonukleinsäure – darin ist unsere Erbinformation enthalten). Allerdings ist dieser Hang zu maximaler Sicherheit durchaus ein Problem, wenn es darum geht, eine sinnvolle Altersvorsorge aufzubauen. Ich kann mich sehr gut an Gespräche erinnern, in denen es um den Abschluss von privaten, fondsgebundenen Rentenversicherungen ging und Kunden dann vor der Wahl standen, ob ein Produkt ohne, mit oder mit teilweiser Beitragsgarantie abgeschlossen werden soll. Und so verrückt und irrational es für mich klingt, viele wollten unbedingt das Produkt mit der 100-Prozent-Beitragsgarantie am Ende haben. »Hauptsache, ich bekomme später mal mindestens meine eingezahlten Beiträge zurück!« Das reicht oft schon als Argument, welches man sich selbst gibt. Und egal, wie viele Gegenargumente man dann bringt, bleibt es oft bei dieser Entscheidung.

Nicht falsch verstehen: Jeder darf und muss solche Dinge für sich selbst entscheiden. Und zwar so, dass man sich am Ende damit wohlfühlt. Dennoch sollte aufgezeigt werden, welche Alternativen es gibt und welche Konsequenzen die eigene Entscheidung haben wird. Nämlich, dass der Versicherer dann einen sehr großen Teil des Beitrages sicher anlegen muss. Und »sicher« heißt hierbei nichts anderes als eine Anlage mit sehr, sehr geringer Rendite beziehungsweise Verzinsung. Und diese Verzinsung liegt aktuell meist unter der Inflation. Und das wiederum bedeutet, dass du hier nichts anderes tust, als dein eigenes Geld zu verbrennen. Denn selbst wenn du später mal mindestens genau das rausbekommen wirst, was du eingezahlt hast, dann hat dieses Geld nicht mehr die gleiche Kaufkraft wie heute. Es ist also tatsächlich viel weniger wert. Deswegen muss eigentlich immer das Ziel sein, dass du mit deiner privaten Rentenversicherung (oder auch jeder anderen Anlage) mindestens die Inflation ausgleichen kannst und optimalerweise noch mehr rausholst. Aber das wird nicht funktionieren, wenn der Großteil deines Geldes nicht für dich arbeiten kann, weil der Versicherer es sicher anlegen muss, weil du unbedingt eine 100-Prozent-Beitragsgarantie möchtest.

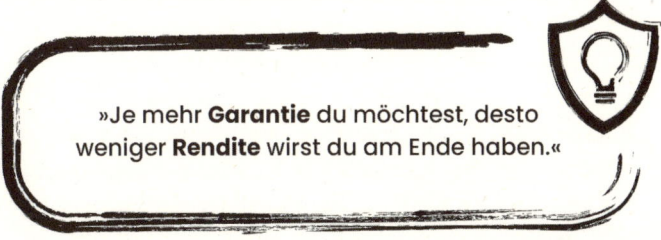

»Je mehr **Garantie** du möchtest, desto weniger **Rendite** wirst du am Ende haben.«

Echte Rendite gibt es in der Form nur an den Aktienmärkten. Und das muss dir einfach klar sein. Wenn dein Ziel wirklich ist, dass du später mal deine eingezahlten Beiträge wieder rausbekommst, dann kannst du dein Geld auch einfach unter dein Kopfkissen legen. In Zeiten von Negativzinsen ist das sogar noch cleverer, als es auf dem Bankkonto liegen zu lassen. Zielführend für eine gute, ausreichende Altersvorsorge ist aber beides nicht.

Garantien kosten Geld und Rendite. Das muss dir bewusst sein. Bei Produkten wie der Riester-Rente ist (zumindest seit der Einführung bis 2021) immer eine 100-Prozent-Beitragsgarantie vorhanden. Das hat der Gesetzgeber so vorgeschrieben. Aber hier gibt es ja auch noch Zulagen vom Staat und Steuererstattungen, welche ja indirekt nichts anderes als eine zusätzliche Rendite sind. Das hast du bei einer normalen Rentenversicherung in der dritten Schicht aber nicht.

HINTERBLIEBENENVERSORGUNG BEI PRIVATEN RENTENVERSICHERUNGEN

Wenn wir über private Rentenversicherungen sprechen, müssen wir auch über das Thema der Hinterbliebenenversorgung sprechen. In erster Linie ist deine private Altersvorsorge ja für dich selbst gedacht. Deine eigene finanzielle Existenz in der Zukunft. Aber natürlich möchten wir auch, dass unsere Hinterbliebenen, zum Beispiel der Ehepartner, ebenfalls von unserer Rentenversicherung profitieren können, sollte uns etwas zustoßen.

Mit einer privaten Rentenversicherung hast du hier verschiedene Möglichkeiten. Für den Fall, dass du während der Ansparphase verstirbst, kannst du vereinbaren, dass deine Hinterbliebenen die eingezahlten Beiträge inklusive Überschüssen ausgezahlt bekommen beziehungsweise das zu diesem Zeitpunkt vorhandene Fondsguthaben.

> »Bei einer **privaten Rentenversicherung** gibt es diverse Möglichkeiten, dass auch deine Hinterbliebenen nach deinem Ableben von deiner **privaten Rentenversicherung** weiter profitieren.«

Für den Fall, dass du während des Rentenbezugs verstirbst, also zu einem Zeitpunkt, da du bereits Rentenzahlungen aus deiner privaten Rentenversicherung beziehst, hast du grundsätzlich die folgenden zwei Möglichkeiten der Hinterbliebenenabsicherung:

- Rentengarantiezeit,
- Restkapitalisierung.

Ist eine Rentengarantiezeit vereinbart, bekommen deine Hinterbliebenen, also zum Beispiel dein Ehepartner, die Versicherungsleistungen für die jeweilige Rentengarantiezeit weiter ausbezahlt. Wurde zum Beispiel eine Rentengarantiezeit von 20 Jahren vereinbart und du verstirbst fünf Jahre nach dem Beginn der Rentenzahlungen an dich, so erhält die bezugsberechtigte Person im Todesfall (meist vermutlich der Ehepartner) die Versicherungsleistungen noch weitere 15 Jahre ausgezahlt. An der Stelle auch noch mal der Hinweis, dass die Rentengarantiezeit nichts damit zu tun hat, wie lange du als Versicherungsnehmer die Rente bekommst. Du bekommst diese immer lebenslang. Hier geht es lediglich um die Hinterbliebenen.

Hast du eine Restkapitalisierung vereinbart (diese ist nicht immer möglich), dann bekommt die bezugsberechtigte Person im Todesfall das vorhandene Restkapital auf einmal ausgezahlt.

Welche Option für dich am sinnvollsten ist, musst du immer individuell erörtern, da zum Beispiel die Länge der Rentengarantiezeit oder auch die Entscheidung für eine Restkapitalisierung Einfluss auf die Höhe deiner monatlichen Rente hat. (Stichwort »Rentenfaktor«. Je nachdem, wie hoch dieser ist, beeinflusst er direkt die Höhe deiner monatlichen Rentenzahlung bei einer fondsgebundenen Rentenversicherung.)

Mir ist hier nur wieder wichtig, dass du von diesen Optionen schon mal gehört hast und weißt, was damit gemeint ist.

ALTERSVORSORGE ÜBER DEN ARBEITGEBER

Möglicherweise war dies die erste Form der Altersvorsorge, die du gemacht hast. Eine sogenannte betriebliche Altersvorsorge (bAV) über deinen Arbeitgeber. Hier zahlt entweder der Arbeitgeber komplett selbst oder jeweils der Arbeitgeber und der Arbeitnehmer in die betriebliche Altersvorsorge ein. Das Spannende: Jeder Arbeitnehmer, der in der gesetzlichen Rentenversicherung pflichtversichert ist, hat grundsätzlich einen Anspruch auf eine Form der betrieblichen Altersvorsorge. Damit ergibt sich für dich als Arbeitnehmer ein Rechtsanspruch darauf, dass Teile deines Gehalts oder Lohns über eine betriebliche Altersvorsorge umgewandelt werden. Dies nennt man dann »Entgeltumwandlung«.

Es gibt die folgenden Durchführungswege bei der betrieblichen Altersvorsorge:[43]

- Direktzusage,
- Unterstützungskasse,
- Pensionsfonds,
- Direktversicherung,
- Pensionskasse.

Vermutlich kannst du mit keinem dieser Begriffe irgendetwas anfangen. Und ich würde niemals auch nur im Traum darauf kommen, dir hier einen Vorwurf zu machen. Die betriebliche Altersvorsorge ist eines der komplexesten Dinge, die es im Versicherungsbereich gibt. Und genau das ist leider auch der Grund, warum viele Arbeitnehmer dies dann nicht machen. Einfach weil es zu komplex, zu undurchsichtig und auch nicht sehr flexibel ist. Häufige Arbeitgeberwechsel können durchaus zu einem Problem werden, wenn du deine bAV mitnehmen möchtest zu einem neuen Arbeitgeber. Denn der neue Arbeitgeber müsste dir zwar auch wieder eine Entgeltumwandlung anbieten, aber er kann grundsätzlich vorschreiben, bei welchem Anbieter dies geschehen soll. Und meist gibt es – vor allem bei größeren Firmen – Rahmenverträge mit genau einem Versicherer. Und den musst du dann nehmen. Das heißt, nicht nur bei der Übertragbarkeit kann es unschöne Probleme geben, sehr oft kannst du auch nicht den Anbieter wählen, wo dann dein Geld hinfließt. Und wenn der Anbieter, den dein Arbeitgeber gewählt hat, nicht so geil ist, dann ist das eben auch doof.

Nicht groß überlegen musst du dagegen, wenn der Arbeitgeber hier wirklich alles zu 100 Prozent finanziert. Das Geld solltest du also unbedingt mitnehmen. Wichtig ist hier nur zu wissen, dass gewisse Zeiten erfüllt sein müssen, bis die Ansprüche aus dieser rein arbeitgeberfinanzierten betrieblichen Altersvorsorge unverfallbar sind. Dies hängt davon ab, wann du die Zusage erhalten hast und wie alt du bei Ausscheiden aus dem Betrieb bist. Für Zusagen zum Beispiel ab dem 01.01.2018 und einem Mindestalter von 21 Jahren ist die Zusage nach drei Jahren unverfallbar.[44]

Anders als bei anderen privaten Rentenversicherungen werden später mal – neben Steuern – auch Sozialversicherungsbeiträge auf deine Rentenzahlungen fällig. Also Beiträge zur Kranken- und Pflegeversicherung. Der Freibetrag hierfür beträgt seit Januar 2020 ein Zwanzigstel der monatlichen Bezugsgröße bei den Beiträgen zur gesetzlichen Krankenversicherung. Das bedeutet, dass im Jahr 2021 monatlich bis zu 164,50 Euro beitragsfrei waren bezogen auf Beiträge zur Kranken- und Pflegeversicherung.[45]

Auf der anderen Seite kannst du eben auch einiges an Steuern und Sozialabgaben sparen, da dein Beitrag direkt von deinem Bruttogehalt abgezogen wird.

Wie du vielleicht merkst, bin ich durchaus etwas skeptisch, was diese Form der Altersvorsorge angeht. Das liegt einfach daran, dass es wieder zu viele »Wenns« gibt, auf die du einfach keinen Einfluss hast. Und ich persönlich finde es dann doch sehr wichtig, dass ich maximalen Einfluss auf meine finanzielle Existenz in der Zukunft habe.

Deswegen bin ich auch ganz klar der Meinung, dass die betriebliche Altersvorsorge in der Form, wie sie gerade in Deutschland besteht, definitiv eine Reform braucht. Sie muss einfacher und nachvollziehbarer werden für den Arbeitnehmer. Ein gewisses Vorbild kann hier der »401k-Plan« aus den USA sein. Quasi die Form der betrieblichen Altersvorsorge, wie sie in den Vereinigten Staaten stattfindet, und eines der wenigen Dinge, die die USA im Bereich Absicherung ihrer Bürger besser machen als wir hier in Deutschland.

Mein Schwiegervater ist US-Bürger und er hat mir vor Kurzem gezeigt, was er jetzt demnächst an Rente aus seinem 401k zu erwarten hat. Ich sag's mal so: Das ist – im positiven Sinne – weit entfernt von einem Rentenniveau von circa 48 Prozent, das wir aktuell in Deutschland haben.

Ob eine betriebliche Altersvorsorge in der ein oder anderen Form für dich Sinn macht, hängt wirklich ganz davon ab, wo du arbeitest, wie dort die Konditionen sind, welcher Anbieter gewählt wurde und ob so eine Form der Altersvorsorge eben auch zu deinem Leben passt. Bitte lass dich hier umfangreich beraten und dir aufzeigen, wie hoch tatsächlich dein Steuervorteil ist. Vergessen darf man natürlich auch nicht, dass du durch die Entgeltumwandlung und die dadurch gesparten Sozialabgaben auch weniger in die gesetzliche Rentenversicherung einzahlst und dies deinen Anspruch dort schmälern kann.

ALTERNATIVEN ZU PRIVATEN RENTENVERSICHERUNGEN

Wer ein Buch über Versicherungen von einem Versicherungsexperten liest, vermutet vielleicht nicht unbedingt ein Kapitel darüber, welche anderen Optionen es neben privaten Rentenversicherungen für die eigene Altersvorsorge geben kann. Eigentlich müsste ich doch zu 100 Prozent pro Rentenversicherung schreiben und alles andere bewusst links liegen lassen.

Nun, das wäre in meinen Augen genauso falsch, wie zu sagen, dass private Rentenversicherungen an sich sinnlos sind und man immer eine alternative Form der Altersvorsorge bevorzugen sollte.

Pauschale Aussagen haben hier einfach nichts verloren. Fakt ist, dass für viele Menschen eine private, fondsgebundene Rentenversicherung (zum Beispiel auf ETF-Basis) die perfekte Lösung für die eigene, planbare Altersvorsorge sein kann. Weil mit diesem Produkt genau das erfüllt wird, was sich der Einzelne wünscht beziehungsweise worauf Wert gelegt wird. Und genauso kann es eben auch sein, dass für jemand anderen diese Form der Altersvorsorge überhaupt nicht passt und man hier einen anderen Weg geht. Und auch dies ist nicht nur vollkommen in Ordnung, sondern in meinen Augen auch wichtig. Niemals solltest du hier einen Weg gehen, mit welchem du dich nicht wohl- und sicher fühlst, nur weil jemand anders gesagt hat, dass er oder sie das auch so macht.

»Über die genaue Form deiner Altersvorsorge entscheidest allein du, niemand anders. Nur solltest du dich im Vorfeld über alle möglichen Formen informieren und dann die für dich am besten passende wählen.«

Aber du solltest eben die Zeit dafür aufwenden, herauszufinden, mit welcher Strategie du dich am wohlsten fühlst und dich am besten identifizieren kannst.

Und das kann eben auch eine Strategie rein mit Aktiendepot und Aktiensparplänen sein. Wo du dir dann selbst eine Art Entnahmeplan für dein Rentenalter ausarbeitest oder Konzepte von anderen übernimmst. Eventuell setzt du auch darauf, dass du dir ein Depot mit dividendenstarken Titeln aufbaust, wodurch du dann mal rein von den (zugegebenermaßen nicht garantierten) Dividenden leben kannst. Oder du setzt auf fremdvermietete Immobilien, sprich du baust dir ein Portfolio von zum Beispiel Eigentumswohnungen auf, die du finanzierst, und baust dir nach und nach über die Mieteinnahmen eine »Rente« für später auf. Oder du bist komplett schmerzfrei, was Risiken angeht, und steckst all dein Geld in Kryptowährungen. Okay, Letzteres würde ich auf gar keinen Fall empfehlen, dazu sind diese Märkte doch zu unberechenbar.

Welchen Weg oder welche Kombination von Wegen du auch wählst, mach dies auf alle Fälle mit Bedacht und wechsle auch nicht dauernd deine Strategie. Denn du weißt ja: Hin und her macht Taschen leer.

TEIL 5
Q&A – WIRKLICH HÄUFIGE VERSICHERUNGSFRAGEN

Wenn du mir auf Instagram folgst, dann weißt du, dass ich dort regelmäßig meinen sogenannten »Fragen-Samstag« mache. Da hast du die Möglichkeit, mir über einen Fragen-Sticker Versicherungsfragen zu stellen, die ich dann in einer Instagram-Story beantworte. Und hier gibt es eben ein paar Fragen, die immer wieder aufs Neue auftauchen.

Diese Fragen habe ich gesammelt und werde sie in diesem Kapitel für dich beantworten. Meine Idee dahinter ist, dass dadurch in erster Linie wichtige Versicherungsfragen beantwortet werden und du immer mal schnell nachschlagen kannst, wenn du dir bei einem Thema nicht sicher bist. Und natürlich auch, dass du das Buch einem Schlaumeier unter die Nase halten kannst, der Gegenteiliges behauptet. Davon gibt es ja weiterhin sehr viele und so viel Genugtuung darf sein. Die folgenden Fragen und Antworten unterliegen keiner bestimmten Reihenfolge oder thematischen Struktur.

KOMBIVERTRÄGE ODER JEDE VERSICHERUNG EINZELN ABSCHLIESSEN?

Versicherungen kannst du manchmal in Form von sogenannten Kombiverträgen abschließen. Das heißt, dass zum Beispiel ein Vertrag mehrere Versicherungen beinhaltet. Beispielsweise eine private Haftpflichtversicherung, eine Hausratversicherung und eine Rechtsschutzversicherung. Meist bekommst du durch die Kombination der Verträge insgesamt einen Rabatt auf den Versicherungsbeitrag. Allerdings bist du nun auch an diesen Kombivertrag gebunden und verlierst den Rabatt, wenn du eine der Versicherungen kündigen willst. Auch kann es manchmal schwierig werden, wenn du dich nur von einer Versicherung innerhalb der Kombination trennen willst. Du kannst solche Verträge abschließen, wenn die Leistungen entsprechend passen und du auch langfristig weißt, dass du diese Versicherungen in der Form behalten möchtest. Ansonsten musst du in Kauf nehmen, dass du hier nicht ganz flexibel bist. Und natürlich kann es auch sein, dass es dich insgesamt dennoch günstiger kommt und du auch von den Leistungen her besser fährst, wenn du zum Beispiel alle drei Versicherungen bei einem anderen Anbieter hast. Eben dem Anbieter, der jeweils die beste Leistung beziehungsweise den besten Preis bietet. Am Ende also auch wieder eine Frage des Vergleichens und der individuellen Bedürfnisse.

PKV ODER GKV –
WAS MACHT MEHR SINN?

P rivate Krankenversicherung (PKV) oder doch gesetzliche Krankenversicherung (GKV)? Welche Form der beiden Krankenversicherungen solltest du wählen – falls du wählen kannst? Als Angestellter kannst du nämlich nur in die private Krankenversicherung wechseln, wenn du über der sogenannten Jahresarbeitsentgeltgrenze verdienst. Diese liegt auch 2022 bei 64.350 Euro brutto im Jahr.[46]

Nur wer als Angestellter mindestens ein Jahr lang über diesem Wert verdient, kann sich privat krankenversichern lassen. Weiterhin können sich Beamte und Selbstständige privat krankenversichern und Studierende zu Beginn des Studiums. Nur weil man sich aber privat krankenversichern kann, heißt das noch lange nicht, dass man dies auch tun sollte.

Die Entscheidung für oder gegen die private Krankenversicherung muss sehr gut überlegt sein. Und wenn es eine Versicherung gibt (neben der Berufsunfähigkeitsversicherung), die du auf keinen Fall allein angehen solltest, dann definitiv die private Krankenversicherung. Du läufst sonst einfach Gefahr, zu viele Fehler bei der Tarif- und Versicherer-Wahl zu machen oder auf billige PKV-Lockangebote hereinzufallen.

Die Wahrscheinlichkeit, dass du hier einen Fehler machen wirst, ist einfach verdammt hoch. Und die Vergangenheit zeigt, dass sehr viele Menschen eben auch diese Fehler gemacht haben. Das sind die Menschen, die heute von den Beiträgen ihrer privaten Krankenversicherung erschlagen werden, weil sie entweder niemals hätten in die PKV wechseln sollen oder einem der »Billigtarife« auf den Leim gegangen sind, welche dann mit der Zeit beitragstechnisch explodiert sind. In die private Krankenversicherung zu wechseln mit der Intention, Geld zu sparen, funktioniert langfristig nicht. Wie soll das auch gehen? Du entscheidest dich quasi für den Mercedes der gesundheitlichen Absicherung, bezahlst aber nur den Preis eines Dacia. Da kann doch was nicht stimmen. Eine gute private Krankenversicherung kostet eben auch gutes Geld.

Der in meinen Augen einzige legitime Beweggrund für eine private Krankenversicherung ist die bestmögliche medizinische Versorgung und nichts anderes. Mit allen anderen Motiven wirst du vermutlich langfristig scheitern. Die private Krankenversicherung kann dir Leistungen unabhängig vom Wirtschaftlichkeitsprinzip (kannst du im Sozialgesetzbuch V nachlesen) der gesetzlichen Krankenversicherung bieten. Dies ist übrigens auch mit privaten Krankenzusatzversicherungen möglich, zum Beispiel für das Krankenhaus oder auch den Zahnarzt.

Deine Familienplanung sollte bei der Wahl für oder gegen eine PKV auch eine Rolle spielen. Einen »Familientarif«, wie er in der gesetzlichen Krankenversicherung existiert, gibt es in der privaten Krankenversicherung nicht. Hier braucht jeder Versicherte einen eigenen Tarif. Und je mehr Versicherte (zum Beispiel Kinder), desto teurer wird es natürlich insgesamt.

Und ich muss dazu ergänzen, dass es als Letztes auch noch die Hürde deines Gesundheitszustands gibt. Selbst wenn du grundsätzlich in die PKV kannst und auch willst, heißt das noch lange nicht, dass diese dich auch aufnehmen wird. Private Krankenversicherer sind eben auch private Unternehmen, die ihre eigenen Annahmerichtlinien haben. Diese sind übrigens auch sehr wichtig, damit es zu keinen zu großen, unkalkulierbaren Risiken im Versichertenkollektiv kommt. In anderen Worten: Bist du in den Augen des privaten Krankenversicherers zu krank, dann kommst du auch nicht in die PKV oder nur mit teilweise erheblichen Risikozuschlägen.

»Die Entscheidung, ob du gesetzlich krankenversichert bleibst oder in die private Krankenversicherung wechselst, sollte sehr gut überlegt sein. Denn dies sollte eine Entscheidung sein, die man nur einmal trifft.«

Du siehst, dass du diese Entscheidung definitiv nicht mal so nebenbei treffen solltest, sondern dir sehr genau überlegen musst, welche Option für dich am besten passt. Denn dies sollte eine Entscheidung sein, die du bestenfalls nur einmal in deinem Leben triffst und deshalb auch nicht unbedingt allein treffen solltest.

WANN DU EINEN SCHADEN
NICHT MELDEN SOLLTEST

Tatsächlich gibt es Situationen, in denen du einen Schaden, der auch versichert wäre, vielleicht nicht unbedingt der Versicherung melden solltest. Ja, ich weiß, das klingt erst mal komisch. Genau dafür habe ich doch die Versicherung abgeschlossen, denkst du jetzt vielleicht. Jein. Erinnere dich noch mal an das, was ich relativ am Anfang geschrieben habe, für was eine Versicherung genau gedacht ist. Sie soll dir quasi finanziell den Hintern retten, wenn es mal hart auf hart kommt. Ich habe nirgends geschrieben, dass eine Versicherung tendenziell dafür gedacht ist, dass dir jeder »Mini-Schaden« bezahlt wird. Denn eine Versicherung kann dir nach Paragraf 92 VVG (Sachversicherung) nach einem Versicherungsfall auch kündigen.[47]

> »Sowohl der Versicherer als auch du als Versicherungsnehmer können nach einem Schaden die Versicherung kündigen!«

Du als Kunde übrigens auch. Deshalb solltest du dir genau überlegen, ob du wirklich den 100-Euro-Haftpflichtschaden melden solltest. Denn kündigt dir mal ein Versicherer, weil du zu viele (kleine) Schäden gemeldet hast, dann kann es mitunter sehr schwer werden, noch mal bei einem anderen Versicherer unterzukommen. Das soll dir einfach bewusst sein. Versicherungen sind für den Worst Case gedacht. Hier sind wir wieder beim richtigen Versicherungs-Mindset. Dazu kommt auch noch, dass du bei vielen Versicherungen einen Selbstbehalt hast, den du ja sowieso erst mal selbst tragen musst, weshalb sich allein deswegen das Melden eines kleinen Schadens gar nicht rechnet.

Und bei der Kfz-Haftpflichtversicherung und Vollkaskoversicherung musst du beachten, dass du nach einem regulierten Schaden in eine schlechtere Schadensfreiheitsklasse eingestuft wirst, weshalb dein Beitrag im nächsten Versicherungsjahr höher sein wird und dich dies langfristig mehr Geld kosten wird als die 500 Euro, die du über deine Vollkaskoversicherung hast abrechnen lassen. Noch mal: Wie bei fast allen Infos in diesem Buch geht es mir auch hier darum, dass dir diese Punkte und die entsprechenden Konsequenzen bewusst sind und du für dich deswegen (hoffentlich) bessere Versicherungsentscheidungen treffen kannst.

ZU KRANK FÜR EINE BERUFSUNFÄHIGKEITSVERSICHERUNG – WAS SOLLTEST DU TUN?

Nicht wenige Menschen stehen vor der Frage, wie sie ihre Arbeitskraft dennoch absichern können, wenn sie keine Berufsunfähigkeitsversicherung bekommen. Je nachdem, wie dein aktueller Gesundheitszustand ist und wie viele Vorerkrankungen du hast, bekommst du eine Berufsunfähigkeitsversicherung oder eben auch nicht. Dabei zählt leider nicht deine eigene Einschätzung deines Gesundheitszustandes, sondern das, was schwarz auf weiß zum Beispiel in den Unterlagen deines Arztes steht. Daran orientiert sich der Versicherer. Deswegen solltest du dich auch nie »Fake-krankschreiben« lassen. Vor allem nicht wegen zum Beispiel Druck in der Arbeit oder Prüfungsstress im Studium. Genau diese Diagnosen können dir ein Bein stellen, wenn du dann später mal eine Berufsunfähigkeitsversicherung oder private Krankenversicherung abschließen willst. Aber woher soll man so was auch wissen? Ich wäre dafür, dass auf so was zum Beispiel zu Beginn eines Studiums mal hingewiesen wird.

Wenn bei dir aber schon feststeht, dass eine Berufsunfähigkeitsversicherung (aktuell) nicht möglich ist, und dies zusammen mit deinem Berater über zum Beispiel anonyme Risikovoranfragen bei den Versicherern geprüft wurde, dann gibt es dennoch ein paar andere Optionen der Arbeitskraftabsicherung.

Zum einen kannst du mal die Versicherbarkeit bei einer Grundfähigkeitsversicherung prüfen lassen. Diese zahlt dir ebenfalls eine monatliche Rente aus, hat aber andere Leistungsauslöser als die Berufsunfähigkeitsversicherung. Wie der Name schon sagt, sind hier menschliche Grundfähigkeiten relevant. Zum Beispiel Gehen, Sitzen, Stehen oder Heben. Sind eine oder mehrere dieser Grundfähigkeiten (zum Beispiel durch einen Unfall oder durch Krankheit) nicht mehr vorhanden oder nicht mehr in gewissem Umfang vorhanden, dann hast du Anspruch auf die Auszahlung der versicherten monatlichen Rente. Vor allem für handwerkliche Berufe, für die die Berufsunfähigkeitsversicherung oft sehr teuer ist, kann dies eine sehr gute Alternative sein. Vielleicht sogar die an sich bessere Option. Auch kann hierbei der »Baustein Psyche« oft an- beziehungsweise abgewählt werden. Soll heißen, dass psychische Probleme nicht gleich zu einer Ablehnung führen, wie es oft bei der Berufsunfähigkeitsversicherung der Fall ist.

> »Es gibt neben der **Berufsunfähigkeitsversicherung** durchaus andere Optionen, deine Arbeitskraft abzusichern. Du musst diese nur eben kennen und für dich selbst prüfen (lassen).«

Weitere Formen der Arbeitskraftabsicherung wären eine Erwerbsunfähigkeitsversicherung (diese leistet dann, wenn du wirklich erwerbsunfähig bist, sprich nur noch weniger als drei Stunden täglich in irgendeinem Beruf arbeiten kannst) oder auch eine sogenannte Körperschutzpolice. Versicherungen gegen schwere Krankheiten (»Dread Disease«) könnten ebenfalls eine Option sein, die man prüfen kann. Und zu guter Letzt eine private Unfallversicherung mit einer Unfallrente, falls wirklich sonst gar nichts anderes möglich ist. Bei dieser sind dann eben auch nur Unfälle versichert. Eine Kombination aus »Dread Disease« und privater Unfallversicherung (gibt es auch ohne Gesundheitsfragen) kann hier eventuell sinnvoll sein.

Ich müsste nun noch 10 bis 15 weitere Seiten vollschreiben, um dir die gerade genannten Versicherungsprodukte im Detail zu erklären.

Aber das ist nicht Sinn und Zweck dieses Buches. Der Zweck ist, dass du jetzt auch mal von anderen Optionen der Arbeitskraftabsicherung gehört hast und prüfen (lassen) kannst, ob diese für dich Sinn machen. Denn die meisten Menschen werden auch hiervon noch nie was gehört haben. Deine Wissensbasis für Versicherungsentscheidungen ist mit diesen Informationen also wieder etwas gewachsen. Und nur darum geht es mir mit diesen Zeilen. Im Englischen würde man dies *enabling* nennen. Also andere Menschen zu etwas zu befähigen – in diesem Fall dazu, gewissenhaftere Versicherungsentscheidungen fällen zu können.

ERSETZT EINE PRIVATE UNFALLVERSICHERUNG EINE BERUFS- UNFÄHIGKEITSVERSICHERUNG?

Hätte ich für diese Frage jedes Mal 1 Euro bekommen, wenn mir diese über die letzten fünf Jahre gestellt wurde, dann hätte sich hier mittlerweile ein durchaus nettes Sümmchen angesammelt. Damit will ich nicht sagen, dass es mich nervt, dass dauernd die gleiche Frage gestellt wird, sondern dadurch wird offensichtlich, wie verunsichert die Menschen bei dieser Frage sind. »Warum sollte ich eine Berufsunfähigkeitsversicherung abschließen, wenn ich doch schon eine private Unfallversicherung habe? Das macht doch keinen Sinn! Wenn mir dann was bei der Arbeit passiert oder in der Freizeit, leistet doch meine private Unfallversicherung!«

Richtig. Bei einem Unfall. Aber sie leistet eben nicht, wenn kein Unfall vorliegt. Und wie du auch schon gelernt hast, sind die meisten Ursachen, die zu einer Berufsunfähigkeit führen, eben keine Unfälle.

Hier wird das individuelle Risiko des eigenen Arbeitsplatzes mit den Risiken verwechselt, welche jeden Menschen betreffen, unabhängig davon, was er beruflich macht.

> »Eine **private Unfallversicherung** ersetzt niemals eine **Berufsunfähigkeitsversicherung** und umgekehrt. Wenn es anders wäre, warum gibt es dann diese zwei Versicherungsprodukte und eben nicht nur eines?«

Zudem haben beide Versicherungen für sich unterschiedliche Absicherungsziele. Eine private Unfallversicherung soll dir in erster Linie eine große Summe an Einmalkapital zur Verfügung stellen, wenn du durch einen Unfall invalide wirst. Dann ist Geld nötig zum Beispiel für ein behindertengerechtes Auto oder den Umbau des Hauses. Da helfen dir die monatlichen Zahlungen aus einer Berufsunfähigkeitsversicherung herzlich wenig. Umgekehrt hilft dir eine private Unfallversicherung überhaupt nicht, wenn du aufgrund einer Krankheit berufsunfähig geworden bist und nun weiter ein monatliches Einkommen brauchst (auch über die Zeit der Lohnfortzahlung des Arbeitgebers und des gesetzlichen Krankengeldes hinaus).

> »Eselsbrücke Unfallbegriff PAUKE«
>
> Ein Unfall ist ein **P**lötzlich von **A**ußen **U**nfreiwillig auf den **K**örper einwirkendes **E**reignis.

Somit wird klar, dass sich diese beiden Versicherungen nicht gegenseitig ersetzen, sondern vielmehr perfekt ergänzen. Denn die eine sichert ab, was die andere nicht absichert, und umgekehrt.

BERUFSUNFÄHIGKEITSVERSICHERUNG MIT RENTENVERSICHERUNG KOMBINIEREN ODER NICHT?

Solltest du eine reine Berufsunfähigkeitsversicherung abschließen oder doch eine Kombination von Berufsunfähigkeitsversicherung und Rentenversicherung (zum Beispiel in Kombination mit einer Basisrente oder einer Rentenversicherung aus der dritten Schicht)? Ganz ehrlich: Bei diesem Thema scheiden sich die Geister und man könnte wahrscheinlich eine ganze Abhandlung dazu schreiben mit ganz vielen »Wenn ... dann ...«-Sätzen.

Einer meiner Grundsätze ist, dass ich die Absicherung von Risiken und Investieren immer trenne. Für mich sind das zwei komplett unterschiedliche Themen, welche man nicht in einen Topf schmeißen sollte. Wer sagt denn, dass der Versicherer, welcher die für dich perfekte Berufsunfähigkeitsversicherung anbietet, auch der Versicherer ist, der für dich das Beste aus deinem Geld bezüglich der kombinierten Rentenversicherung rausholen kann? Vielleicht willst du ja auch gar nicht über eine Rentenversicherung investieren beziehungsweise sparen?

Allerdings verkauft sich diese Kombination schneller als ein kühles Radler in der Wüste, wenn man dem Kunden sagt, dass man ja durch diese Kombination etwas von seinen Beiträgen zurückbekommt, sollte man nicht berufsunfähig werden. Bei der Berufsunfähigkeitsversicherung kommt auch häufig die Frage, ob man dann jahrelang Geld umsonst bezahlt hat, wenn man nicht berufsunfähig wird. Nicht, wenn du eine Kombination von Berufsunfähigkeitsversicherung und Rentenversicherung abgeschlossen hast.

Zack, verkauft. Du erinnerst dich, wir Deutsche lieben es, wenn wir mindestens unsere Beiträge irgendwann wieder zurückbekommen.

In dem Zuge würde ich auch direkt eine Kfz-Vollkaskoversicherung kombiniert mit einer Rentenversicherung anbieten. Falls du keinen Unfall baust, bekommst du dann über die Rentenversicherung etwas von deinen Beiträgen zurück.

> »Du zahlst deine Versicherungsbeiträge nicht dafür, dass nichts passiert, sondern du bezahlst für den Schutz an sich, falls etwas passieren würde!«

Wenn du jetzt gerade kurz verwirrt bist, dann ist das okay. Letzteres gibt es nämlich schlichtweg nicht. Niemand würde auch jemals auf die Idee kommen, eine ähnliche Frage zur Kfz-Versicherung oder anderen Versicherungen zu stellen. Wenn nichts passiert, dann gibt's kein Geld zurück. Du bezahlst ja nicht dafür, dass nichts passiert, sondern du bezahlst für den Schutz an sich, falls was passiert.

Warum wird also bei der Berufsunfähigkeitsversicherung doch recht häufig genau diese Frage gestellt? Meine Vermutung ist, dass grundsätzlich das Risiko, berufsunfähig zu werden, subjektiv zu gering eingeschätzt wird und man deswegen davon ausgeht, dass man wahrscheinlich eh nie berufsunfähig wird. Und unter der Annahme hätte man dann doch gerne eine gewisse Sicherheit, dass man zumindest einen Teil seines Geldes wieder zurückbekommt.

Das Risiko, dass man mal einen Vollkaskoschaden verursachen wird, erscheint dagegen wohl den meisten als sehr wahrscheinlich. Das ist insoweit interessant, als fast jeder von sich selbst behauptet, ein sehr guter Autofahrer zu sein. Die menschliche Psyche ist schon ein sehr spannendes Spielfeld.

Bei manchen Kombiverträgen aus Berufsunfähigkeitsversicherung und Rentenversicherung gibt es den Vorteil, dass du deine Beiträge steuerlich geltend machen kannst. Da soll sich das Konstrukt – vor allem bei Besserverdienern – rechnen. Kann durchaus auch so sein, ja. Aber es verstößt einfach gegen mein persönliches Prinzip, was das Trennen von Risikoabsicherung und Investieren angeht. Sprich dieses Thema also am besten mit deinem Berater durch, um zu entscheiden, welche Option für dich am meisten Sinn macht. Verbraucherzentralen raten allerdings ebenfalls von einer Kombination von Berufsunfähigkeitsversicherung und Rentenversicherung ab.[48]

Natürlich ist ein Vertrag durch die Kombination von zwei Versicherungen auch teurer als eine reine Berufsunfähigkeitsversicherung (oft auch »Solo-Berufsunfähigkeitsversicherung« genannt).

MUSST DU EINEN BERUFSWECHSEL DEINER BERUFSUNFÄHIGKEITSVERSICHERUNG MELDEN?

Eine weitere Frage, die du dir vielleicht bei der Berufsunfähigkeitsversicherung stellst, ist, ob du deine Versicherung jedes Mal bei einem Berufswechsel informieren musst. Das würde ja durchaus Sinn machen, denn schließlich willst du ja, dass dann dein neuer Beruf beziehungsweise deine neue Tätigkeit abgesichert ist. In der Vergangenheit beziehungsweise bei älteren Verträgen gab es tatsächlich eine sogenannte Berufswechselmeldepflicht. Hier wurde dein Vertrag dann oft auch angepasst, und wenn dein neuer Beruf ein für den Versicherer höheres Risiko hatte, musstest du auch mehr bezahlen.

»Egal mit welchem Beruf du deine **Berufsunfähigkeitsversicherung** abgeschlossen hast, es ist immer deine zuletzt ausgeübte Tätigkeit vor dem Eintreten der Berufsunfähigkeit versichert.«

Dies ist heutzutage aber in der Regel nicht mehr so. Eine Meldepflicht bei einem Berufswechsel gibt es nicht (mehr). Dies kannst du auch in den Vertragsbedingungen deiner Berufsunfähigkeitsversicherung nachlesen. Wichtig für dich ist, dass du weißt, dass, egal ob du deinen Beruf hundert Mal wechselst oder nicht, immer deine zuletzt ausgeübte Tätigkeit vor dem Eintreten der Berufsunfähigkeitsversicherung versichert ist. Wenn du deine Berufsunfähigkeitsversicherung also 2022 als Büroangestellter abgeschlossen hast und 2035 als Landschaftsgärtner berufsunfähig wirst, dann wird die Berufsunfähigkeit bezogen auf deine Tätigkeit als Landschaftsgärtner geprüft. Es ist hierbei dann komplett irrelevant, mit welchem Beruf du damals deine Berufsunfähigkeitsversicherung abgeschlossen hast. Aber es muss ja irgendeine Berufseinstufung stattfinden, wenn du eine Berufsunfähigkeitsversicherung abschließt. Deswegen kannst du zum Beispiel auch keine Berufsunfähigkeitsversicherung abschließen, wenn du arbeitslos bist. Denn es ist dann kein Beruf vorhanden für eine Einstufung beim Versicherer.

> »Melde einen Berufswechsel dennoch immer dem Versicherer, vor allem wenn dein neuer Beruf vermutlich risikoärmer ist als der Beruf, mit welchem du die **Berufsunfähigkeitsversicherung** abgeschlossen hast. Gute Versicherer prüfen dies dann und stufen dich günstiger ein, sodass du weniger Beitrag zahlen musst. Eine schlechtere Einstufung dagegen ist nicht möglich.«

WAS IST EINE DIENSTUNFÄHIGKEITSVERSICHERUNG UND WER BRAUCHT EINE?

Wenn wir über die Dienstunfähigkeitsversicherung sprechen, müssen wir erst mal festhalten, dass es so etwas wie eine Dienstunfähigkeitsversicherung eigentlich gar nicht gibt. Der Begriff hat sich allerdings so stark durchgesetzt, dass ihn fast jeder verwendet, wenn es um die Absicherung der Arbeitskraft von Beamten geht. Die korrekte Bezeichnung wäre »Berufsunfähigkeitsversicherung mit Dienstunfähigkeitsklausel«. Dies sollte auch direkt eine der häufigsten Fragen in diesem Zusammenhang klären: Wenn du eine Dienstunfähigkeitsversicherung als Beamter hast, dann brauchst du keine weitere Berufsunfähigkeitsversicherung. Denn diese hast du ja schon. Auch hier wäre es wieder ein Leichtes, einen mehrseitigen Aufsatz über die Dienstunfähigkeitsversicherung zu schreiben.

Ich versuche mich jedoch auf die wichtigsten Punkte zu beschränken. Als Beamter solltest du darauf achten, dass im Vertrag eine wirklich »echte« Dienstunfähigkeitsklausel vorhanden ist. Dies ist dann der Fall, wenn dein Versicherer sich an das Votum deines Dienstherrn hält, wenn dir dieser eine Dienstunfähigkeit attestiert. Sprich, es wird keine erneute Prüfung bei deinem Berufsunfähigkeitsversicherer angestoßen, sondern es gibt direkt die vereinbarte Berufsunfähigkeitsrente. Natürlich kannst du theoretisch als Beamter auch ganz »normal« berufsunfähig sein. Nur könnte diese Prüfung etwas komplizierter sein und du kommst schlichtweg einfacher und schneller an deine Leistungen, wenn eine echte Dienstunfähigkeitsklausel vorhanden ist. In diesem Zusammenhang solltest du auch schon mal gehört haben, dass es so etwas wie eine Teil-Dienstunfähigkeit gibt und man diese ebenfalls absichern kann. Für bestimmte Beamtengruppen, zum Beispiel Polizeivollzugs- oder Feuerwehrbeamte, welche ganz bestimmte Anforderungen erfüllen müssen für die Ausübung ihres Dienstes, kann die sogenannte spezielle Dienstunfähigkeitsklausel relevant sein.[49]

Auch wenn Beamte im Vergleich zu Angestellten durchaus besser abgesichert sind, so sollte man nicht den Fehler begehen, zu glauben, dass man keine zusätzliche Absicherung braucht. Vor allem zu Beginn der Beamtenlaufbahn hat man noch keinen beziehungsweise nur wenig Anspruch, wenn man zum Beispiel aufgrund von Krankheit vom Dienstherrn als dienstunfähig eingestuft und in den Ruhestand versetzt wird. Deswegen macht eine Berufsunfähigkeitsversicherung mit entsprechender Dienstunfähigkeitsklausel vor allem in den Anfangsjahren Sinn. Danach sollte man sich genau ausrechnen, wie hoch der Anspruch auf ein mögliches Ruhegehalt wäre und ob dieser tatsächlich ausreicht, um den aktuellen Lebensstandard zu halten.

Nicht jeder Versicherer bietet Berufsunfähigkeitsversicherungen mit entsprechenden »DU-Klauseln« an. Hier kommt es wirklich auf das Kleingedruckte in den Allgemeinen Versicherungsbedingungen an. Und du vermutest es wahrscheinlich schon: Dieses Thema solltest du nicht auf eigene Faust angehen.

SOLLTEST DU BEREITS ALS SCHÜLER/STUDENT EINE BERUFSUNFÄHIGKEITSVERSICHERUNG ABSCHLIESSEN?

Möglicherweise bist du gerade im Studium oder fängst bald ein Studium an. Der Gedanke an eine Berufsunfähigkeitsversicherung liegt dann meistens eher noch weiter weg. Warum solltest du dir auch bereits während des Studiums über eine Berufsunfähigkeitsversicherung Gedanken machen? Allein der Name dieser Versicherung macht dies ja bereits deutlich: »BERUFsunfähigkeitsversicherung«. Wer studiert, hat ja in der Regel noch keinen bestimmten Beruf, den man absichern könnte. Um diese Versicherung kümmert man sich also erst, wenn man auch wirklich im Berufsleben steht. Zumindest werden die meisten Studierenden so vorgehen.

Dabei wäre es durchaus clever, sich schon während des Studiums eine Berufsunfähigkeitsversicherung zu holen. Dies geht nicht nur, sondern kann dir unter Umständen einiges an Geld sparen. Zwar übst du als Student in der Regel keinen Beruf an sich aus, aber Versicherer können dich dennoch in eine Berufsgruppe einstufen. Nämlich in die des Studenten (oder deines Zielberufes nach dem Studium). Spannend hierbei ist auch, dass dich einige Versicherer sogar bis zu einer monatlichen Berufsunfähigkeitsrente von 2.000 Euro versichern würden – ohne dass du auch nur 1 Cent Einkommen hast, was du auch nicht nachweisen musst. Klingt vielleicht etwas komisch, ist aber tatsächlich so. Einer der großen Vorteile liegt aber darin, dass du als Studierender in der Regel in eine sehr günstige Risikogruppe eingestuft wirst. Und in dieser bleibst du dann auch, egal was du nach dem Studium für einen Beruf ausübst. Es könnte ja theoretisch sein, dass dein Beruf nach dem Studium (oder auch nach der Schule) ein viel höheres Risiko hat als dein Dasein als Student.

Und je höher das kalkulatorische Risiko eines Berufes, desto höher natürlich auch der Beitrag. Ein letzter Punkt – und vermutlich auch der wichtigste – ist dein Gesundheitszustand als Studierender. Dieser wird vermutlich nie mehr so gut sein wie als Student/-in. Ich kann nur immer wieder erwähnen, wie viele Menschen bei uns in der Beratung sind und dann feststellen müssen, dass sie aus gesundheitlichen Gründen keine Berufsunfähigkeitsversicherung mehr bekommen. »Hätte ich das nur früher gewusst ...«

Wenn du dir also eine Berufsunfähigkeitsversicherung schon während des Studiums leisten kannst (hier gibt es auch sogenannte Starter-Berufsunfähigkeitsversicherungen, die etwas günstiger sind), dann solltest du diese Versicherung definitiv schon während des Studiums in Erwägung ziehen.

BIST DU WÄHREND DES STUDIUMS NOCH ÜBER DEINE ELTERN VERSICHERT?

Bleiben wir noch kurz beim Studium. Wenn du das Studieren anfängst, sind meist auch andere Versicherungen betroffen, um die du dich eventuell kümmern musst oder bei denen du zumindest wissen solltest, was Sache ist.

Was die Krankenversicherung angeht, so bist du in der Regel bis zum 25. Lebensjahr noch über deine Eltern versichert, wenn du gesetzlich krankenversichert bist. Dies geht quasi so lange, wie deine Eltern auch für dich Kindergeld bekommen. Danach musst du dich selbst krankenversichern, was du über spezielle Tarife der Krankenkasse für Studenten machen kannst. Der monatliche Beitrag liegt hier dann bei circa 100 Euro (2021).

Wenn du bisher über deine Eltern privat krankenversichert warst, dann kannst du dich auch während des Studiums weiter privat krankenversichern. Das gilt übrigens auch für bisher gesetzlich Versicherte. Auch diese können sich zu Beginn des Studiums von der Versicherungspflicht befreien lassen und sich privat krankenversichern. Am besten sprichst du hier alle Optionen mal mit deiner Krankenversicherung durch.

In der Regel bist du während deines Studiums auch noch über die private Haftpflichtversicherung deiner Eltern versichert. Zumindest für das Erststudium (Erstausbildung). Hier empfiehlt sich aber unbedingt ein Blick in die Versicherungsbedingungen des Versicherers, wie genau die Regelung aussieht. Ein kurzer Anruf beim Versicherer sollte hier Klarheit verschaffen können. Denn es wäre echt ziemlich uncool, wenn du plötzlich ohne den Schutz einer privaten Haftpflichtversicherung dastehen würdest. Ein weiteres Studium (zum Beispiel ein Master-Studium) oder ein Studium nach einer Berufsausbildung wird dann oft schon als Zweitausbildung angesehen, und diese ist eben nicht immer mitversichert über die private Haftpflichtversicherung der Eltern.

Tatsächlich kann es zudem auch sein, dass du in deiner WG noch über die Hausratversicherung deiner Eltern mitversichert bist. Dies wäre über die sogenannte Außenversicherung in der Hausratversicherung deiner Eltern möglich. Solange dies vorübergehend ist und du keinen eigenen Hausstand gegründet hast (zum Beispiel keinen Zugang zu einer eigenen Küche oder einem eigenen Badezimmer hast), ist dies möglich. Ziehst du selbst in eine eigene Wohnung, so brauchst du hierfür dann eine eigene Hausratversicherung, sofern du dich zum Beispiel gegen Leitungswasserschäden oder Einbruchdiebstahl versichern möchtest.

VOLLKASKO ODER TEILKASKO – ODER DOCH NUR KFZ-HAFTPFLICHTVERSICHERUNG?

Wie genau solltest du dein Auto versichern? Grundsätzlich gibt es hier drei verschiedene Versicherungen zu beachten. Zum einen die Kfz-Haftpflichtversicherung. Diese ist Pflicht und ohne sie kannst du dein Auto erst gar nicht zulassen. Sie dient dem Schutz anderer Verkehrsteilnehmer, wenn du diesen einen Schaden zufügst. Teilkaskoversicherung und Vollkaskoversicherung dagegen sichern dein eigenes Auto ab. Die Teilkaskoversicherung sichert dich gegen Schäden an deinem Fahrzeug ab, für die du selbst nicht verantwortlich warst. Zum Beispiel Diebstahl oder Schäden durch Unwetter wie Sturm, Blitzschlag, Hagel und Überschwemmung. Auch der »berühmte« Marderbiss ist über die Teilkaskoversicherung versichert wie auch der Zusammenstoß mit Tieren (aller Art oder nur Haarwild – hier unbedingt darauf achten, was genau versichert ist).

Die Vollkaskoversicherung würde dann einspringen, wenn du selbst an deinem Kfz einen Schaden verursacht hast. Wenn du zum Beispiel beim Ausparken an der Hauswand hängen geblieben bist, dann würde deine Vollkaskoversicherung den Schaden an deinem Auto begleichen – abzüglich der vereinbarten Selbstbeteiligung. Auch bei Vandalismus greift deine Vollkaskoversicherung.

Die Frage ist jetzt, wie viel dir der Schutz einer Teilkasko- beziehungsweise Vollkaskoversicherung für dein Auto wert ist. Als Faustregel gilt, dass man bei neueren und teuren Autos auch eine Vollkaskoversicherung mit einschließt. Die Teilkaskoversicherung ist übrigens auch immer mit dabei, wenn man eine Vollkaskoversicherung abschließt.

> »Wenn du deine Versicherungsbeiträge jährlich zahlst (vor allem bei **Sachversicherungen** und insbesondere bei der **Kfz-Versicherung**), kannst du oft einiges an Beitrag sparen, da für z. B. monatliche Zahlweise bei manchen Versicherern Aufschläge erhoben werden.«

Ist dein Auto bereits etwas älter und nicht mehr so viel wert, dann reicht meist eine Kfz-Haftpflichtversicherung mit einer Teilkaskoversicherung aus.

Es empfiehlt sich auf alle Fälle, die Beiträge für alle Versicherungen zu vergleichen. Oft ist der Unterschied zwischen reiner Kfz-Haftpflichtversicherung und dem Beitrag mit Teilkaskoversicherung gar nicht so hoch. Gleiches gilt für den Beitragsunterschied zwischen Teilkaskoversicherung und Vollkaskoversicherung. Vor allem die schadenfreien Jahre (SF-Klassen) entscheiden hier mit über den Beitrag. Bei der Teilkaskoversicherung gibt es übrigens keine SF-Klassen, bei denen du nach einem Schaden schlechter eingestuft werden würdest. Diese gibt es nur bei Kfz-Haftpflichtversicherung und bei der Vollkaskoversicherung.

> »Bei der **Teilkaskoversicherung** gibt es keine **Schadenfreiheitsklassen** bzw. keine schlechtere Einstufung nach einem Schaden. Diese gibt es nur bei der **Kfz-Haftpflichtversicherung** und der **Vollkaskoversicherung**.«

Mein aktuelles Auto ist noch relativ neu (Baujahr 2017), weshalb ich dafür neben der Kfz-Haftpflichtversicherung auch eine Vollkaskoversicherung abgeschlossen habe. Zudem habe ich mir gerade auch ein Leasing-Auto als Firmenwagen bestellt. Dieses werde ich über meine GmbH versichern lassen. Ebenfalls mit Vollkaskoschutz. Dies wird bei Leasing-Fahrzeugen oder auch bei der Finanzierung eines Kfz meist sowieso gefordert. In diesem Zuge sollte man auch auf die sogenannte GAP-Deckung (Guaranteed Asset Protection) achten. Hast du diese nicht miteingeschlossen, erhältst du von deiner Vollkaskoversicherung nur den Wiederbeschaffungswert des Kfz. Dadurch wird nur der Wert ersetzt, den das Leasing-Auto am Tag des Schadenseintritts hatte und mit welchem du dir ein gleichwertiges gebrauchtes Kfz kaufen kannst. Dieser Wiederbeschaffungswert ist meist aber niedriger als der Betrag, den du noch an den Leasing-Geber zahlen musst. Und die GAP-Deckung schließt genau diese Lücke. So kannst du es dir vielleicht auch einfach merken: *Gap* ist das englische Wort für »Lücke«.

WAS PASSIERT, WENN EIN VERSICHERER PLEITEGEHT?

Viele Menschen haben Angst davor, dass der Versicherer, bei welchem man seine Rentenversicherungen oder die private Krankenversicherung hat, pleitegeht. Dass ein Versicherer auch insolvent werden kann, zeigt das Beispiel der Mannheimer Versicherungen aus dem Jahr 2003.[50]

Allerdings sollte man an der Stelle hinzufügen, dass sich die Mannheimer Versicherungen mit Aktienspekulationen quasi selbst ruiniert haben. Sie wurden dann ein Fall für die sogenannte Protektor Lebensversicherungs-AG – ein Sicherungsfonds für strauchelnde Lebensversicherer.

Für private Krankenversicherer gibt es ebenfalls einen solchen Sicherungsfonds. Dieser nennt sich »Medicator AG«. Finanziert werden beide Fonds durch Beiträge der teilnehmenden Versicherer. Alle Versicherer, die ihren Sitz in Deutschland haben und Lebensversicherungen (Rentenversicherungen) oder private Krankenversicherungen vertreiben, sind hier Pflichtmitglieder.[51]

Protektor hat dann den Bestand der Mannheimer Versicherungen weitergeführt, saniert und im Jahr 2017 an den »Run-off-Spezialisten« Viridium (ehemals Heidelberger Lebensversicherung) verkauft.[52]

Dies könnte also ein typischer Ablauf sein, wenn einem Lebensversicherer die Insolvenz drohen sollte. Für Sachversicherungen gibt es übrigens keinen derartigen Sicherungsfonds. Das liegt daran, dass Sachversicherungen zum einen vom Risiko her ganz anders kalkuliert werden können, zum anderen kannst du als Versicherter eine Sachversicherung auch viel einfacher kündigen und woanders eine neue Versicherung abschließen, was bei Rentenversicherungen, privaten

Krankenversicherungen oder Berufsunfähigkeitsversicherungen eben nicht so einfach möglich ist. Deswegen braucht es hier einen besonderen Schutz für die Versicherten. So sieht es zumindest die BaFin (die Bundesanstalt für Finanzdienstleistungsaufsicht).

Wenn man sich die sogenannte Solvenzquote anschaut, die angibt, wie »flüssig« ein Versicherer ist, dann muss diese immer über 100 Prozent liegen. Ansonsten greift die BaFin ein. Der Versicherer muss dann klare Maßnahmen vorlegen, wie er seine Finanzkraft verbessern will. Die Versicherungsaufsicht Bafin prüft diese Maßnahmen anschließend auf Erfolg.

Du solltest deshalb auch immer schauen, dass du vor allem deine Renten- und Berufsunfähigkeitsversicherungen bei einem solventen und finanzstarken Versicherer unterbringst. Deine Verträge laufen meist mehrere Jahrzehnte und vor allem Rentenversicherungen sollen dir ja dann auch noch mal mehrere Jahrzehnte nach dem Ende der Beitragszahlung eine monatliche Rente bescheren.

Auch wenn viele »Crash-Propheten« seit Jahren warnen, dass es bald eine Pleitewelle von Versicherern geben wird, so ist diese dennoch bisher ausgeblieben. Und ich persönlich gehe auch nicht davon aus, dass sie kommen wird. Viele deutsche Versicherer haben zwei Weltkriege überstanden und auch die Wirtschaftskrise 2008. Und sie sind immer noch da. Natürlich ist das lang anhaltende Niedrigzinsumfeld eine Herausforderung für alle Versicherer, aber ich sehe darin keinen K. o. der Lebens- oder Krankenversicherer.

Es ist ja nicht so, dass man dort einfach nur Däumchen dreht und abwartet, was so passiert. Viele Versicherer haben ihr Kapital in Anlagen umgeschichtet, mit denen man auch in Niedrigzinsphasen gute Renditen machen und Überschüsse erwirtschaften kann (zum Beispiel Investitionen in Immobilien).

Weiterhin ist es auch so, dass Versicherer im Vergleich zu Banken viel strengeren Auflagen unterliegen, was die Anlage der Beiträge der Versicherten angeht. Es hat schon einen Grund, warum die Krise 2008 »Bankenkrise« hieß und nicht »Versicherungskrise«.

Unterm Strich sehe ich es wie folgt: Niemand kennt die Zukunft. Niemand weiß, ob wir in 10 oder 20 Jahren eine neue Finanzkrise haben werden, die einfach alles mit sich reißt, egal ob Banken, Versicherer oder dein Sparbuch – auch wenn es natürlich wieder ein paar geben wird, die das dann schon heute gewusst haben wollen.

Die Auflagen für Versicherer sind sehr streng und werden ständig von der BaFin überwacht. Mit Protektor und Medicator haben wir in Deutschland Sicherungssysteme, die in dieser Form weltweit einmalig sind.

Sollte es dennoch mal so weit kommen, dass dein Versicherer in Schieflage gerät, dann greifen erst mal die genannten Sicherheitsmechanismen unter Aufsicht der BaFin.

Gehen zum Beispiel alle Lebensversicherer gleichzeitig pleite oder wenige sehr große, dann helfen die Sicherungsfonds natürlich auch nicht mehr. Aber ich lehne mich mal weit aus dem Fenster und behaupte, dass wir in so einer Situation sicherlich ganz andere Probleme haben werden.

Du entscheidest – mal wieder – selbst, ob du eher an finanzstarke Versicherer und Sicherungsmechanismen glaubst oder daran, dass eh irgendwann alles den Bach runtergehen wird. Ich persönlich wähle immer Ersteres, da Letzteres für mich keine Entscheidungsgrundlage für ein lebenswertes Leben ist, in welchem ich nicht hinter jeder Ecke den nächsten großen Crash oder eine Finanzverschwörung sehe. Und da soll noch mal jemand sagen, dass die Versicherungsbranche dauernd das »Spiel mit der Angst« betreiben würde.

Mir ist natürlich vollkommen klar, dass ich hier auch noch auf unzählige weitere häufige Fragen hätte eingehen können. Versicherungsfragen sind praktisch unendlich. Ich hoffe dennoch, dass ich dir mit diesem Kapitel ein paar schnelle Antworten auf häufige Versicherungsfragen geben konnte, die du dir möglicherweise auch schon mal gestellt hast.

TEIL 6

DAS RICHTIGE VERSICHERUNGS- UND FINANZ-MINDSET IST ENTSCHEIDEND

Im letzten Kapitel möchte ich nun noch mal verstärkt auf das richtige Mindset beim Thema Versicherungen eingehen. Denn dieses ist die Grundlage von allem. Ist es nicht oder nur teilweise vorhanden, läufst du Gefahr, falsche und perspektivisch sehr teure Versicherungsentscheidungen zu fällen. Und dein Versicherungs-Mindset musst du ständig neu justieren. Wie jedes andere Mindset auch. Man hat zum Beispiel nicht einfach so ein positives Mindset gegenüber allem, was so im Leben passiert. Das ist hartes Training und durch äußere Einflüsse wird dein Mindset ständig herausgefordert und strapaziert. Hier hilft nur bewusstes Eingreifen deinerseits, um dein Mindset zu schützen und auch – wenn nötig – zu korrigieren. Wenn dir das ein wenig zu abstrakt klingt, dann hilft vielleicht die folgende Beschreibung: Die Basis von all deinen Handlungen und Entscheidungen, die du im Leben triffst, sind Gedanken, die du zuvor hattest. Dadurch bestimmen deine Gedanken dein Handeln. Und das, was du jeden Tag so denkst und wonach du handelst, ist dein Mindset.

> »Das richtige Versicherungs- und Finanz-Mindset – basierend auf Fakten und nicht auf Meinungen – entscheidet maßgeblich darüber, ob du für dich langfristig gute und sinnvolle Entscheidungen treffen wirst oder eben nicht.«

WARUM EIGENVERANTWORTUNG DAS A UND O BEI VERSICHERUNGEN IST

Vielleicht hast du schon mal in meinen Podcast »Versicherungsge-flüster« reingehört, welchen ich zusammen mit meinem Freund und Kollegen Patrick Hamacher bereits seit Ende 2017 co-hoste. Falls ja, dann dürfte dir aufgefallen sein, dass wir in unseren Folgen sehr stark an die Eigenverantwortung des Einzelnen apellieren. Dies habe ich auch bereits an anderen Stellen in diesem Buch hervorgehoben. Und ich möchte es an dieser Stelle nochmals stark in den Vorder-grund stellen: Allein du hast die Verantwortung für dein Leben und deine finanzielle Absicherung. Niemand sonst – zumindest, wenn du bereits 18 Jahre alt bist. Davor haben das (hoffentlich) deine Eltern ge-macht. Es ist extrem einfach, die Verantwortung in diesem Lebensbe-reich an andere abzugeben.

An den Versicherungsvermittler, »der das schon regelt«, oder an den Partner, weil er oder sie sich »einfach besser auskennt« mit dem Thema. Auch wenn es natürlich absolut sinnvoll ist, dass du dich vor allem bei komplexen Versicherungsfragen an einen Experten wendest, so solltest du dich niemals ganz ausklinken. Denn genau in diesem Moment ziehst du dich aus der Verantwortung. Das ist der Moment, in dem du dann nicht verstehst, was Versicherung XY absichert und was nicht, und im Schadensfall dann mit dem Finger auf andere zeigst. Das kannst du durchaus tun und dem Versicherer auch eine negative Bewertung schreiben und all deinen Freunden davon erzählen. Es än-dert aber nichts an der Tatsache, dass das eigentliche Problem die von Anfang an fehlende Eigenverantwortung deinerseits war. Und an der Stelle müssen wir alle – mich eingeschlossen – ganz ehrlich zu uns selbst sein. Hast du bisher wirklich die Verantwortung in dem Umfang angenommen, wie es die Themen Finanzen und Versicherungen erfordern? Denn wenn du dir hier selbst was vormachst, nützt dies keinem was. Am wenigsten dir selbst.

GEFÄHRLICHES VERSICHERUNGS-HALBWISSEN – WARUM ES NIE VERSCHWINDEN WIRD (UND DU IMMER WIEDER AUFS NEUE VERUNSICHERT WERDEN WIRST)

Gerne würde ich an dieser Stelle irgendwas schreiben wie: »Nach dem Lesen dieses Buches wird alles gut! Du bist jetzt gewappnet und nichts und niemand kann dir mehr irgendeinen Blödsinn zum Thema Versicherungen erzählen!« Die Wahrheit ist, dass sich rein gar nichts ändern wird. Zumindest nicht um dich herum. Da ich nicht davon ausgehe, dass jede volljährige Person in Deutschland mein Buch lesen wird, sondern nur ein Bruchteil davon, bedeutet das im Umkehrschluss, dass du weiterhin einer Übermacht von Fehlinformationen, mehr Meinung als Ahnung und gefährlichem Halbwissen gegenüberstehen wirst. Und zwar jeden Tag aufs Neue. Ob online in irgendwelchen Foren, Facebook-Gruppen und YouTube-Videos oder offline auf der Titelseite der nächstbesten Boulevardzeitung und beim Feiern mit Freunden. Das gefährliche Halbwissen (und ja, »gefährlich« ist hier genau das richtige Adjektiv) wird weiterhin um dich herumschwirren und dich (vielleicht) erneut total verunsichern.

Die Informationen aus diesem Buch werden nach und nach verblassen und du wirst jeden Tag wieder angreifbarer für Fehlinformationen zu deinen Versicherungen. Die Menschen und Medien werden sich nicht plötzlich ändern und sagen: »Oh, Mist! Eigentlich haben wir vom Thema Versicherungen absolut keinen Plan und sollten besser mal die Klappe halten, anstatt die Menschen mit plumper Meinungsmache und Pauschalisierungen zu verunsichern!«

Nein, es wird weiterhin so sein, dass Medien genau das berichten werden, was sich verkauft und was Klicks ergibt, egal ob es zu einem verzerrten Realitätsbild führt oder nicht. Und deine Freunde, dein Umfeld, deine Arbeitskollegen und vielleicht sogar deine Eltern werden weiterhin ihren Senf zum Thema Versicherungen dazugeben, obwohl sie nicht den Hauch einer Ahnung davon haben. So sind wir Menschen eben. Wir stehen total drauf, uns mitteilen zu können. Die Qualität der Aussagen spielt eher eine untergeordnete Rolle. (Hier empfehle ich dir wirklich, das für dich selbst einfach mal auszuprobieren. Wenn du keine Ahnung hast, dann sag das auch beziehungsweise sag einfach nichts. Damit trägst du schon einen Teil dazu bei, dass Menschen – egal bei welchem Thema – weniger fehlgeleitet werden von reinen Meinungen.)

Und ich weiß, dass du weißt, dass ich damit recht habe. So wenig man diese Wahrheit auch akzeptieren möchte. Ich sehe dies ja an meinem eigenen Umfeld. Und für mich ist dies noch mal schlimmer, da ich ja wirklich Ahnung habe von Versicherungen und jeden Blödsinn, der in meiner Gegenwart erzählt wird, sofort erkenne und entlarven kann. Aber rate mal, was dann sehr oft als Antwort kommt. Genau, ich muss das ja so sagen, weil ich selbst in der Branche arbeite. Hier hilft erneut nur der Spruch meiner Mama: Du kannst sie nicht alle retten.

»Ob gefährliches Halbwissen bei Versicherungen eine Chance gegen dich und dein Versicherungs-Mindset haben wird, liegt ganz allein bei dir. Nur wer die Verantwortung übernimmt, hat auch die Kontrolle.«

Aber du kannst ganz sicher dich selbst retten. Einfach nur dadurch, dass dir das, was ich hier soeben beschrieben habe, bewusst ist und du dich nicht wieder in die Falle des gefährlichen Halbwissens locken lässt.

Warum es keine 100-prozentige Sicherheit gibt

Im Leben gibt es keine Garantie, so sehr sich das wahrscheinlich viele von uns wünschen würden. Das Leben ist in vielen Teilen unplanbar und niemand von uns ist vor Schicksalsschlägen geschützt. Und auch eine Versicherung kann hier immer nur bedingt helfen. Ein finanzieller Schaden kann gemindert oder ausgeglichen werden. Ein möglicher emotionaler Schaden kann nicht versichert werden. Dagegen gibt es auch kein Rezept und keine Medizin. Eine Versicherung kann lediglich dafür sorgen, dass zu einem emotionalen Schaden – weil vielleicht der geliebte Partner plötzlich verstorben ist – kein finanzieller Schaden hinzukommt, weil durch entsprechende Versicherungen rechtzeitig vorgesorgt wurde und Hinterbliebene nicht auf einem Schuldenberg sitzen bleiben. Hier können Versicherungen helfen. Aber eben nicht immer. Es ist nicht möglich, dass du dich gegen jedes eventuelle Risiko, das dich in deinem Leben treffen könnte, versicherst. Aber du kannst das finanzielle Risiko mit den richtigen Versicherungen durchaus gezielt mindern.

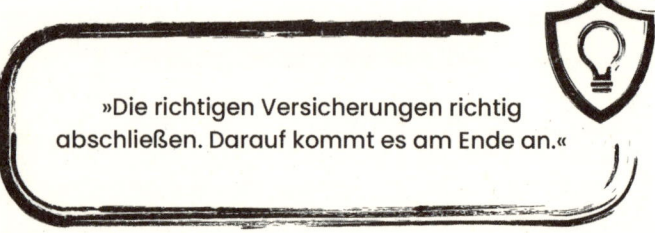

»Die richtigen Versicherungen richtig abschließen. Darauf kommt es am Ende an.«

Und genau hier solltest du ansetzen. Aber dann auch akzeptieren, dass nie alles versichert sein kann. Dass es Situationen geben kann, die einfach nicht versicherbar waren. Es bleibt immer ein gewisses Restrisiko. Minimieren kannst du dies wiederum dadurch, dass du das Kapitel mit der Eigenverantwortung sehr ernst nimmst. Dadurch schließt du wichtige Risikolücken, die bei den meisten Menschen eine offene Flanke bleiben werden, weil sie sich eben nie intensiv mit der Absicherung der eigenen Existenz, des eigenen Lebensstandards auseinandergesetzt haben. Es ist halt so viel einfacher zu sagen, dass man das nicht in der Schule gelernt hat und man es deshalb nicht wusste. Mit dieser Einstellung wird man allerdings generell nicht weit im Leben kommen.

MEIN WUNSCH FÜR DIE ZUKUNFT

Bitte erlaube mir nun noch einen kurzen Blick in die Zukunft. Eigentlich geht es mir darum, was ich mir für die Zukunft von der Versicherungsbranche und von Versicherungskunden wünsche.

Die Hausaufgaben auf Seiten der Versicherungsbranche, vor allem bei Versicherern und großen Versicherungsvertrieben, liegen, denke ich, auf der Hand. Zum einen müssen Versicherungsbedingungen kundenfreundlicher gestaltet werden. Es kann nicht sein, dass selbst ich mit einem Bachelor-Abschluss in Betriebswirtschaft und Recht, einer Ausbildung als Kaufmann für Versicherungen und Finanzen und einem Finanzfachwirtstudium diverse Passagen in Versicherungsbedingungen fünfmal lesen muss, bis ich sie verstanden habe. Oftmals muss ich dann auch noch beim Versicherer anrufen und mir bestätigen lassen, dass ich auch wirklich alles richtig gedeutet habe. Gut, du könntest jetzt sagen, dass das an mir liegt und ich einfach zu doof zum Lesen bin. Ich kann dir allerdings versichern, dass das definitiv nicht der Fall ist. Wenn du mir das nicht glaubst, frag mal meine Eltern. Die mussten mir als Jugendlichem den kompletten Strom auf unserer Etage abstellen, weil ich sonst die ganze Nacht durchgelesen hätte. Lesen kann ich also. Der Punkt ist der: Wenn selbst ein Profi verschiedene Versicherungstexte nicht exakt deuten kann, wie soll das dann ein Laie schaffen? Das ist maximal kundenunfreundlich. Wären Versicherungsbedingungen verständlicher geschrieben, dann hätten Versicherer auch nicht so viele Probleme mit Kunden, die auf Leistungen bestehen, die nie versichert waren. Denn dann hätten die Kunden dies im Vorfeld nämlich bereits verstanden. Und es gibt auch genug Stimmen, die an dieser Stelle (wahrscheinlich nicht ganz zu Unrecht) behaupten, dass Versicherungsbedingungen absichtlich so kompliziert geschrieben sind, damit für den Versicherer immer eine Hintertür offen bleibt.

Liebe Versicherer, ihr habt nun in den kommenden Jahren die Chance, den Menschen, die euch vertrauen, genau das Gegenteil zu beweisen.

Des Weiteren würde ich es begrüßen, wenn auch endlich branchenübergreifend echte Digitalisierung stattfände. Für das Wohl der Kunden und auch für das mentale Wohlergehen meinerseits und aller Versicherungsvermittler da draußen. Aber vermutlich sollte ich diese Passage an die Versicherer faxen, damit sie auch wirklich ankommt. Sorry, diesen Seitenhieb konnte ich mir einfach nicht verkneifen. *It's funny because it's true.*

Kommen wir zu den Versicherungsvertrieben. Hier möchte ich eigentlich nur eine Sache loswerden: Solange nicht damit aufgehört wird, neue Berater durch falsche Anreize (fette Rolex, dicke Karre und das Ganze schon übermorgen) in die Branche zu locken, die dann wiederum auf Verbraucher losgelassen werden und großen Schaden anrichten, wird sich rein gar nichts am Ruf unserer Branche ändern. Und bitte schreibt mir keine E-Mails, dass das ja so nicht stimmen würde. Es passiert weiterhin jeden Tag da draußen.

Hört auf damit und fangt endlich an, bei der Suche nach neuen Beratern Qualität über Quantität zu stellen. Ich weiß, dass hier viele schon sehr gute Arbeit leisten. Aber zu viele eben noch nicht. Wenn sich diese eine Sache nicht ändert, wird sich an dem Ruf unserer Branche rein gar nichts ändern.

Und was wünsche ich mir für deine Zukunft? Und die der Versicherungskunden und Verbraucher? Ich wünsche mir, dass ihr der Versicherungsbranche und den Menschen, die darin arbeiten, eine (neue) Chance gebt. Viele haben es einfach nicht verdient, so von der Gesellschaft behandelt zu werden, wie sie aktuell behandelt werden. Ich kenne so viele extrem gute Berater und Beraterinnen, die sich jeden Tag mit so viel Herzblut um ihre Kunden kümmern und bei denen der Kunde immer im Mittelpunkt steht und nicht irgendeine Provision oder interne Zielvorgabe. Wenn du mal einen Termin absagen musst, dann sage ihn bitte rechtzeitig ab (ja, das ist eine meiner eigenen, alten, noch offenen Wunden).

Sag deinem Vermittler auch einfach mal, dass er oder sie einen guten Job gemacht hat. Und vielleicht schreibst du ihm oder ihr ja auch eine kurze Bewertung.

> »Angemessenen Respekt gegenüber
> dem Berater und seiner Dienstleistung und
> gegenüber dem Kunden und seinem Bedarf.
> Das wünsche ich mir.«

Respekt ist keine Einbahnstraße. Und gegenseitiger Respekt war wohl noch nie so wichtig wie in unserer heutigen Zeit.

Das ist quasi mein persönlicher Wunschzettel für die Zukunft meiner Branche.

SCHLUSSWORTE

D u hast tatsächlich ein Buch über das Thema Versicherungen bis zum Ende gelesen. Das können (leider) nur die wenigsten von sich behaupten. Vielleicht liegt es am Thema an sich. Weil dieses langweilig und trocken ist. Und weil es einfach nervt. Auf der anderen Seite machen wir aber auch ständig andere Dinge, die langweilig sind und nerven. Rein daran kann es also nicht liegen. Vielleicht haben auch schon sehr viele Menschen versucht, sich mit dem Thema Versicherungen auseinanderzusetzen, sind dann aber nicht an den Informationen an sich gescheitert, sondern an deren Aufbereitung. Das könnte ich mir schon eher vorstellen und es erinnert mich direkt an meine Schulzeit. Manchmal saß ich in der Klasse und hörte dem Mathelehrer 45 Minuten zu, wie er versuchte, uns ein mehr oder weniger komplexes Thema zu erklären. Er rechnete an der Tafel, zeichnete Graphen auf und redete dabei ohne Pause. Also, es ist ja nicht so, als hätte er nichts aufgezeigt oder erklärt. Aber am Ende hatte es halt mehr als die Hälfte der Klasse nicht kapiert. In der nächsten Woche hatten wir dann einen Ersatzlehrer, welcher das Thema noch mal aufgegriffen hat und es uns in seinen Worten noch mal erklärt hat. Und siehe da, nach 20 Minuten war ich und waren auch alle anderen in der Klasse voll im Bilde.

Beim Thema Versicherungen kann ich mir eine ähnliche Situation vorstellen. Auch hier kommt es sehr stark darauf an, wie eine Versicherung erklärt wird, und vor allem auch darauf, wo der Nutzen der Versicherung für das jeweilige individuelle Leben liegt. Wenn dies geschafft wird, dann werden die Menschen auch Versicherungen besser verstehen und in einem anderen Licht sehen.

Und ich hoffe wirklich sehr, dass mir dies mit diesem Buch ein wenig gelungen ist.

Die Herausforderung für mich selbst ist hier auch unglaublich groß gewesen. Wo fange ich an, wo höre ich auf? Welche Themen spreche ich an, welche sollte ich weglassen? Wie schaffe ich es überhaupt, dass meinen Aussagen Glauben geschenkt wird? Wie gehe ich damit um, wenn jemand das Buch komplett vorurteilsbehaftet liest und auch nicht vorhat, diese Vorurteile zu hinterfragen?

Wegen all dieser Fragen und noch vielen mehr habe ich mehr als nur einmal nachts wach gelegen.

Und auch aus meinem Umfeld gab es viele Stimmen, die (erneut) gesagt haben, dass doch niemand ein Buch über Versicherungen lesen wird. »Spar dir den Aufwand dafür und die anschließende Enttäuschung!«

Am Ende hat – wieder mal – eines meiner Lieblingszitate den Ausschlag für mich gegeben.

Dieses Zitat steht auch seit mehreren Jahren genau so in meinem WhatsApp-Status:

»Alle sagten, das geht nicht. Dann kam einer, der wusste das nicht und hat's einfach gemacht!«

Vielleicht kann dir dieses Zitat auch an der ein oder anderen Stelle in deinem Leben bei einer Entscheidung helfen, die etwas Mut erfordert.

Für die richtigen Versicherungsentscheidungen bist du jetzt auf alle Fälle gewappnet.

Wenn du möchtest, dann kannst du mir jetzt einfach mal eine Nachricht über Instagram (@versicherungenmitkopf) oder per E-Mail (info@versicherungenmitkopf.de) schicken und mir schreiben, wie du das Buch fandest.

Darüber würde ich mich wirklich sehr freuen.

Für deinen weiteren Lebensweg – egal ob du erst 18 oder schon über 30 bist – wünsche ich dir alles Gute, viel Gesundheit und ab sofort um einiges weniger »VerUNsicherung« bei deinen Versicherungen.

Und vergiss nie:

Die beste Versicherung ist immer die, die du nie brauchst. Die zweitbeste Versicherung ist die, die du brauchst und hoffentlich auch abgeschlossen hast.

Hier noch ein letzter Tipp: Scanne diesen QR-Code mit deinem Smartphone und du findest alle Links zu meinen aktuellen Profilen auf Social Media:

Dein Bastian von Versicherungen mit Kopf

ANMERKUNGEN

1 https://www.bundestag.de/webarchiv/textarchiv/2012/40879998_kw41_rente_kalenderblatt-209618.

2 https://www.versicherungsbote.de/id/4883536/Versicherungsvertreter-erreicht-beim-Image-Ranking-den-Tiefpunkt/

3 https://www.versicherungsbote.de/id/4883536/Versicherungsvertreter-erreicht-beim-Image-Ranking-den-Tiefpunkt/

4 https://wirtschaftslexikon.gabler.de/definition/versicherung-47513

5 https://www.hannoversche.de/wissenswert/versicherungen-im-wandel-der-zeit

6 https://de.wikipedia.org/wiki/Hamburger_Feuerkasse#:~:text=Die%20Hamburger%20Feuerkasse%20(vollst%C3%A4ndige%20Firmierung,das%20%C3%A4lteste%20Versicherungsunternehmen%20der%20Welt

7 https://www.gesetze-im-internet.de/bgb/__823.html

8 https://www.uneedit.de/der-unterschied-zwischen-guenstig-und-billig/

9 https://de.statista.com/statistik/suche/?q=leistungen+versicherungen+-deutschland

10 https://www.gesetze-im-internet.de/bgb/__828.html

11 https://www.allianz.de/vorsorge/berufsunfaehigkeitsversicherung/abstrakte-verweisung/

12 https://www.versicherungsmagazin.de/lexikon/vorvertragliche-anzeigepflicht-1947157.html

13 https://www.dguv.de/de/ihr_partner/arbeitnehmer/gesetzliche-uv/index.jsp

14 https://www.deutsche-familienversicherung.de/sachversicherung/hausratversicherung/ratgeber/artikel/die-meisten-unfaelle-passieren-zu-hause/

15 https://www.dieversicherer.de/versicherer/versicherungen/private-unfallversicherung

16 https://www.aok.de/pk/uni/inhalt/krankengeld-wie-viel-bekomme-ich-1/#:~:text=Das%20Krankengeld%20orientiert%20sich%20am,-Tag%20(Wert%202021)%20begrenzt

17 https://www.franke-bornberg.de/fb-news/pressemitteilungen/neue-fak-ten-zur-bu-regulierung-bu-leistungspraxisstudie-2020

18 https://www.franke-bornberg.de/fb-news/pressemitteilungen/neue-fak-ten-zur-bu-regulierung-bu-leistungspraxisstudie-2020

19 https://www.franke-bornberg.de/sites/franke-bornberg/files/styles/pa-ragraph_bild_volle_breite/public/absatzbilder/BU-Leistung-Entwick-lung-durchschnittliche-Leistungsdauern.jpg

20 https://einfachachtsam.de/geschichte-zwei-woelfe/

21 https://www.versicherungsbote.de/id/4903018/Versicherungsvertre-ter-bleiben-Schlusslicht-beim-Image-Ranking

22 https://www.handelsblatt.com/finanzen/vorsorge/versicherung/ratge-ber-in-finanzfragen-makler-werfen-verbraucherschuetzern-mangeln-de-qualifikation-vor/23702930.html?ticket=ST-10622111-HkZdEUZRvCQ-QNc4sIHQB-ap1

23 https://www.handelsblatt.com/finanzen/vorsorge/versicherung/ratge-ber-in-finanzfragen-makler-werfen-verbraucherschuetzern-mangeln-de-qualifikation-vor/23702930.html?ticket=ST-10622111-HkZdEUZRvCQ-QNc4sIHQB-ap1

24 https://www.versicherungsbote.de/id/4854659/Versicherungsvermitt-ler-Gewinn-Verdienst/

25 https://www.ihk-nordwestfalen.de/branchen/versicherungs-und-finanz-wirtschaft/versicherungsvermittler/informations-und-dokumentations-pflichten2-3590766

26 https://www.versicherungsbote.de/id/4889386/Check24-Jubilaumsde-als-rechtswidrig/

27 http://www.gesetze-im-internet.de/gewo/__34d.html

28 http://www.gesetze-im-internet.de/gewo/__34d.html

29 http://www.gesetze-im-internet.de/gewo/__34d.html

30 https://www.wirth-rae.de/honorarberatung/

31 https://www.gesetze-im-internet.de/gewo/__34h.html

32 https://www.ihk-nordwestfalen.de/branchen/versicherungs-und-finanz-wirtschaft/versicherungsvermittler/informations-und-dokumentations-pflichten2-3590766

33 https://www.versicherungsbote.de/id/4865382/Honorarberater-Storno-haftung/

34 https://versicherungswirtschaft-heute.de/maerkte-und-ver-trieb/2021-03-12/dvag-stoppt-kampagne-mit-positiven-fake-bewertun-gen-auf-trustpilot/#:~:text=DVAG%20stoppt%20Kampagne%20mit%20positiven%20Fake%2DBewertungen%20auf%20Trustpilot,-12.&text=-Der%20Finanzvertrieb%20DVAG%20sorgt%20momentan,positi-ven%20Fake%2DBewertungen%20gestoppt%20habe

35 https://www.gesetze-im-internet.de/estg/__9.html

36 https://steuererklaerung.de/versicherungen-von-steuer-absetzen/

37 https://www.ergo.de/de/Ratgeber/finanzielle_vorsorge/versiche-rung-steuer-absetzen

38 https://www.lohnsteuer-kompakt.de/texte/2021/469/altersvorsorge

39 https://www.versicherungsmagazin.de/rubriken/branche/versicherungs-betrug-verursacht-schaeden-in-milliardenhoehe-2656788.html

40 https://www.stern.de/wirtschaft/versicherung/ratgeber-versicherung/aerger-mit-der-versicherung-was-tun--wenn-der-versicherer-nicht-zahlt--3447642.html

41 https://www.bundesfinanzministerium.de/Content/DE/Gesetzestexte/Gesetze_Gesetzesvorhaben/Abteilungen/Abteilung_VII/19_Legislaturpe-riode/2021-04-27-fuenfte-VO-VAG/1-Referentenentwurf.pdf?__blob=pub-licationFile&v=2

42 https://www.augsburger-allgemeine.de/wissenschaft/Psycholo-gie-Wer-einsam-ist-stirbt-frueher-id44193936.html

43 https://www.dieversicherer.de/versicherer/versicherungen/betriebli-che-altersversorgung

44 https://www.ruv.de/ratgeber/altersvorsorge/bav/arbeitgeberwechsel-be-triebliche-altersversorgung

45 https://www.ruv.de/ratgeber/altersvorsorge/bav/arbeitgeberwechsel-be-triebliche-altersversorgung

46 https://www.haufe.de/sozialwesen/versicherungen-beitraege/beitragsbe-messungsgrenze_240_421702.html#:~:text=Voraussichtliche%20Jahres-arbeitsentgeltgrenze%202022%20(Versicherungspflichtgrenze),unver-%C3%A4ndert%20bei%2064.350%20Euro%20liegen

47 https://dejure.org/gesetze/VVG/92.html

48 https://www.verbraucherzentrale-niedersachsen.de/themen/versicherun-gen/berufsunfaehigkeit/berufsunfaehigkeit-versichern

49 https://www.franke-bornberg.de/blog/echte-du-klausel-fuer-beamte-dien-stunfaehigkeit

50 https://www.faz.net/aktuell/wirtschaft/insolvenz-mannheimer-le-ben-auch-andere-versicherer-unter-druck-1103370.html

51 https://www.bafin.de/DE/Verbraucher/Sicherungssysteme/Versicherer/sicherungseinrichtungen_versicherer_node.html

52 https://www.fondsprofessionell.de/versicherungen/news/headline/be-standsverkauf-beendet-protektor-gibt-alle-policen-ab-132821/